AF471539

MES
PASSE-TEMPS.
TOME II.

A PARIS,

DE L'IMPRIMERIE DE CRAPELET.

1806.

MES
PASSE-TEMPS:
CHANSONS
SUIVIES
DE L'ART DE LA DANSE,
POËME EN QUATRE CHANTS,

Calqué sur l'Art Poétique de BOILEAU DESPRÉAUX.

Par JEAN-ÉTIENNE DESPRÉAUX.

Ornés de Gravures d'après les Dessins de MOREAU le jeune, avec les airs notés.

TOME SECOND.

A PARIS,

Chez L'AUTEUR, rue Basse-Porte Saint-Denis, n° 30;
DEFRELLE, Libraire, Cloître S. Honoré, n° 15;
PETIT, Libraire, au Palais Royal, galerie Virginie, vis-à-vis la salle du Tribunat, n° 16.

M. DCCC. VI.

TABLE DU TOME SECOND.

N. B. L'étoile * à côté du titre, indique que le mot de la Chanson a été donné par le sort.

ORIGINE du Bien et du Mal. *Chanson Manichéenne*, page. 1

Le But *. 12

Si *, *ou* mon Vouloir. 15

Mes Adieux aux Enfers. 21

L'Écho. *A Zélis*. 24

La Raison *. 26

L'Ane. 51

Ça m'est égal *, *ou* l'Egoïste. 36

Peut-être, *ou* la Métempsycose. 40

L'Extrait d'un Ami. 44

Le Chansonnier malade. 46

Naissance, Portrait et Fête d'une Nymphe. . 49

Les Quatre Temps de l'Homme. *Impromptu.* 55
La Fièvre *. 54
Le Langage des mains. *Chanson pantomime.* 57
Les Niches *. 60
Le premier Moment d'un siècle. *Rêve.* 63
L'à Propos *. 68
Le Timbre. 71
L'Esprit. 74
Portrait de la jeune Magdeleine M. N. 78
Mauvais Sujet *. 81
Hasard. 84
Le Carik brisé *. *Pot-Pourri.* 88
Chanson à deux fins, *ou* les deux Madeleines. . 98
Les Énigmes *. *Dialogue.* 101
La Fatalité. *Histoire véritable.* 105
Impromptu fait pour l'autre monde. 109
La Nappe *. 112
La Neige *. 116
Le Tournesol, *Fête du Soleil.* 119
Ma Confession. 126
Charade *, *en Chanson.* 129
Tableau de Londres. 131
Mes deux Cinquantaines. 136

L'Amour marchand de Cœurs. 139
Prenez des Cartes *. 141
Ah! c'est trop fort *. 144
La Partie de Dames *. *Dialogue*. 148
Les Maris. *Chanson de Garçons*. 155
Le bon Ménage. 160
Il faut de la mesure en tout. *A mon Ami* A *plus* B, ... 163
La Fin du Monde. *Chanson bachique*. . . . 166

L'ART DE LA DANSE, *calqué sur l'Art Poétique*, Poëme en quatre Chants. 171
Avertissement sur le Poëme. 173
Explication et divisions des Chants de l'Art de la Danse. 175
Epître de Jean-Étienne Despréaux, à Boileau Despréaux. 179
Chant premier. 183
Chant II. 204
Chant III. 219
Chant IV. 233
Notes du premier Chant. 249
Notes du deuxième Chant. 266

Notes du troisième Chant. 285

Notes du quatrième Chant. 295

Le mot de la Charade en Chanson, page 129 de ce second volume, est *Culbutte*.

Mont-Martre porte mon second.

On sait que Mont-Martre porte le nom de *butte*.

Mais le Diable poussant le Temps,
dit : « Je veux que sans cesse il passe » :

J. M. Moreau le j^ne Del. — Ph. Trière Sculp^t

ORIGINE
DU BIEN ET DU MAL,
OU
LA VEILLE DE L'ÉTERNITÉ.

CHANSON MANICHÉENNE [1].

AIR : de la Croisée.
Noté n° 16.

AVANT tout, il n'existait rien;
Aisément cela se devine :
Mais je vais, du mal et du bien,
Vous apprendre à tous l'origine;
Mes amis, rien n'est plus certain;
Je vous conseille de me croire;
C'est dans le livre du Destin,
Que j'ai lu cette histoire. *bis.*

[1] Les MANICHÉENS, anciens hérétiques, croyaient à deux principes; l'un bon et l'autre mauvais. Le premier, qu'ils nommaient *lumière*, ne faisait que du bien; le

LA VEILLE DE L'ÉTERNITÉ,
Dieu dit : « Que l'univers commence ;
» Faisons le temps, l'immensité ».
Mais le diable aussi-tôt s'avance :
Mettant lunette sur son né,
Il dit : « Voyons ce qu'il va faire ;
» Et pour que Dieu soit chicané,
» Faisons tout le contraire [1] ». bis.

second, qu'ils appelaient *ténèbres*, ne faisait que du mal. Ils disaient que les ames avaient été faites par le bon principe, et les corps, par le mauvais, &c.

J'ai cru qu'un sujet aussi fou devait être traité follement; c'est pourquoi je commence par LA VEILLE DE L'ÉTERNITÉ. Ayant prononcé un tel mot, le reste devait être aussi déraisonnable, jusqu'au moment de l'espoir qui fait mon dénouement.

[1] Changer le mal en bien est le plaisir d'un dieu,
Changer le bien en mal, voilà mon digne vœu.

Paroles de Satan, dans le *Paradis perdu* de MILTON, traduction de M. DELILLE.

L'Eternel fit les élémens,
L'univers, le temps et l'espace;
Mais le diable poussant le temps,
Dit : « Je veux que sans cesse il passe » :
Cela causa le mouvement;
Le désordre fut effroyable;
Enfin, dans ce commencement,
Tout allait à la diable. bis.

Pendant plusieurs millions d'ans,
Les élémens se disputèrent ;
L'eau, le feu, la terre et les vents
L'un sur l'autre se culbutèrent;
Fatigué du chaos, Dieu dit :
« A quelque chose, donnons l'être ».
Frottant ses mains, l'esprit maudit
Dit : « Je prétends en être ». bis.

L'un fit le jour ; l'autre la nuit ;
Dieu dit : « C'est toujours quelque chose,
» Qu'en parcourant même circuit,
» Chacun tour-à-tour se repose » :
De chaque élément qu'il a fait,
Dieu prend un peu qu'il amalgame ;
Puis il fait l'homme, à son portrait,
Le diable fit la femme [1]. bis.

Dieu voyant cet objet charmant,
Fait un ange sur ce modèle,
Y joint un cœur compatissant,
Sensible, doux, tendre et fidèle :
Bien que nés du même limon,
Entre eux, quelle distance étrange !
Femme méchante est un démon ;
Femme douce est un ange. bis.

---

[1] Cette chanson est faite depuis dix-sept ans. Elle a été entendue de beaucoup de monde ; et quelques traits en ont été pris, ou du moins, imités. Je me crois obligé de prévenir que je n'ai copié personne.

Pour animer cet univers,
Le Dieu tout-puissant fit la vie;
Satan, par un malin travers,
Fit la mort dont elle est suivie:
Pour consoler le genre humain,
Dieu fit l'ame et l'intelligence;
Mais aussi-tôt, d'un tour de main,
  Satan fit la démence. *bis.*

L'esprit divin fit le bonheur,
La gaîté, les graces, les charmes;
L'esprit malin fit la douleur,
Avec ses compagnes, les larmes:
La crainte de l'enfantement
Aurait donc dépeuplé la terre,
Si Dieu n'eût fait ce sentiment,
  Qui fait aimer et plaire. *bis.*

SATAN voyant naître l'Amour,
Créa vîte la jalousie ;
Vainement Dieu fit, à son tour,
L'étude et la philosophie ;
Les maux l'emportaient de beaucoup
Sur les biens de la triste vie ;
Dieu fit, pour compenser le tout,
L'ivresse et la folie. bis.

DIEU fit douceur, paix et bonté,
Qu'au monde on ne rencontre guère !
Le diable, à la méchanceté,
Joignit peste, famine et guerre :
Pour nous faire oublier les maux
Dont le démon était prodigue,
Dieu fit le sommeil, le repos :
Satan fit la fatigue. bis.

Alors le destin suspendit
Dans les airs, ses vastes balances;
Biens et plaisirs à droite, il mit;
A gauche, peines et souffrances:
En nombre ils étaient tous égaux,
Mais ils ne pesaient pas de même;
Vous savez que les moindres maux,
Sont tous d'un poids extrême. bis.

Pour faire pencher son côté,
A l'instant, l'Eternel apporte
Plaisirs décens, et volupté;
Mais le diable, toujours l'emporte:
D'innocens plaisirs l'un versait;
L'autre répandait la débauche;
Et lorsqu'à droite, Dieu donnait,
Satan donnait à gauche. bis.

DIEU fit le bien, mais lentement,
Pour que sa marche fût plus sûre;
Satan fit le mal promptement,
N'y mettant, ni poids, ni mesure:
Combien l'Eternel prend de temps
Pour assembler quelques atômes,
Lorsque le diable, en peu d'instans,
Renverse des royaumes! bis.

DIEU, pour enivrer les humains,
Fit la gloire et la renommée;
Le diable soufflant à deux mains,
Les fit dissiper en fumée:
Pour fonder la religion,
Dieu fit naître la tolérance;
Pour forger superstition,
Satan fit l'ignorance. bis.

Dieu fit les beaux jours, le printemps,
L'insouciance et la jeunesse;
Mais de concert avec le temps,
L'esprit malin fit la vieillesse:
Dieu, pour en adoucir la fin,
Voulut une seconde enfance;
Mais toujours le sombre chagrin
Emportait la balance. bis.

De voir tout fait et non parfait,
Déplut fort à l'Être suprême;
Satan, qui dans le mal se plaît,
Etait satisfait de lui-même:
Tandis que Dieu réfléchissait,
Sur les effets et sur les causes;
Pour nous piquer, Satan mettait
Des épines aux roses. bis.

DIEU, pour sauver l'homme de bien,
Dit : « Faisons un séjour céleste,
» Où le diable ne pourra rien,
» Quoiqu'en mal il soit toujours preste » :
Méditant son projet nouveau,
Pour être plus prompt et plus leste,
L'Eternel ôta son manteau;
Satan se mit en veste. bis.

DE mieux en mieux, de mal en pis,
Dans son genre, chacun s'escrime;
Dieu fit un brillant paradis,
Satan fit un profond abîme;
Et dans ces vastes souterrains
Plaça des flammes éternelles,
Pour griller des mortels humains
Les ames immortelles. bis.

DIEU voyant bien que les plaisirs
Ne pouvaient compenser les peines,
Dit : « Je vais créer les desirs,
» Et d'amitié, les douces chaînes ;
» Et puis l'espérance et l'oubli ».
Alors le diable en vain travaille ;
Contre l'espoir, il a failli,
  Et n'a rien fait qui vaille. bis.

LE BUT [1]. *

AIR : Ce boudoir est mon parnasse.

Noté n° 22.

Ou Vaudeville de Claudine.

Noté n° 1.

NE tardons pas davantage,
Il faut payer mon tribut;
Chansonnons sans bavardage,
Pour ne pas être au rebut :
Dans tout ce qu'on veut bien faire,
Tout dépend d'un bon début;
En chanson, comme en affaire, } bis.
Il faut aller droit au but. }

[1] Excuse d'un dîner pour cause de maladie, en envoyant ma chanson, dont le nom tiré au sort était *But.*

VOTRE cœur, pour une belle,
Brûle-t-il d'un tendre feu?
Pour obtenir beaucoup d'elle,
D'abord demandez très-peu :
Confiance est nécessaire,
Soyez franc dès le début ;
Bientôt le dieu de Cythère } bis.
Vous mènera droit au but. }

SANS but, nous venons sur terre,
Et sans but, nous en sortons ;
Dans cette courte carrière,
Combien nous nous tourmentons !
Dans tout ce qu'entreprend l'homme,
Quel cœur il montre au début !
Et pourtant, vous voyez comme } bis.
Peu de gens vont à leur but. }

Le but de ma chansonnette
Était de remplir mon mot;
Mais ma santé, non parfaite,
Met mon esprit en défaut:
A cette santé fragile,
Je voudrais que chacun bût;
Peu m'importe, rime et style; } bis.
Être aimé, voilà mon but. }

SI[1],

OU

MON VOULOIR.

AIR : Tenez, moi, je suis un bon homme.
Noté n° 64.

Ou Du Serin qui te fait envie.
Noté n° 65.

SI du ciel le souverain Maître
Me disait : « Fais ce que tu veux,
» Contre un autre, change ton être,
» Si tu crois être plus heureux :
» Bien choisir ce sont tes affaires,
» Je te transmets tout mon pouvoir ».
Petits humains, mes chers confrères,
Voici quel serait *mon vouloir*. bis.

[1] *Si* était le mot donné.

JE n'aurais pas fortune immense,
Mais stable, ainsi que ma santé;
Je penserais comme je pense,
J'agirais à ma volonté :
Tous les étés, à la campagne,
Et tous les hivers, à Paris :
J'aurais toujours même compagne,
Je ne changerais point d'amis. bis.

LA tortueuse politique
N'occuperait pas mes momens;
L'art destructeur de la tactique,
N'aurait pour moi nuls agrémens :
Multipliant mes jouissances,
Je voudrais, pour passer mon temps,
Posséder toutes les sciences,
Exceller dans tous les talens. bis.

Peintre, poète, artiste habile,
Je chanterais comme Lays;
En vers, j'égalerais Delille;
Je danserais comme Vestris:
Comme Molé, sur le théâtre,
Dans chaque rôle, je plairais;
Quand je voudrais conte folâtre,
Comme Boufflers, je conterais. bis.

Je voudrais, en sculpture, atteindre
Houdon, pur, simple et toujours vrai;
Comme David, je voudrais peindre,
Et dessiner, comme Isabey:
Comme Méhul, dans la musique,
Par mes accords, j'étonnerais,
Souvent, par un ballet magique,
Comme Gardel, j'enchanterais. bis.

JUSSIEU, dans l'art du botaniste,
J'en saurais tout autant que toi,
Et dans mes cours, brillant chimiste,
Je parlerais comme FOURCROI :
Près de moi, LA GRANGE, en algèbre,
Est ce que mille est à zéro ;
Eh bien! de cet homme célèbre,
Moi, j'atteindrais le numéro. bis.

AVEC CHARLES, dans la physique,
Je marcherais du même pas ;
Armé du fer anatomique,
DUBOIS, je ne te craindrais pas :
Pour guérir ma faible poitrine,
Savez-vous ce que je ferais?
A notre aveugle médecine,
Des yeux de lynx, je donnerais. bis.

Près d'Herschel, sublime astronome,
Mon nom serait écrit aux cieux ;
Je saurais le poids d'un atôme,
Et ceux des globes lumineux :
Pour lire en physionomie,
Lavater aurait un rival ;
Beaux esprits de l'Académie,
Despréaux serait votre égal ! bis.

En remontant de cause en cause,
J'irais jusqu'au premier instant,
Pour savoir comment chaque chose
A reçu vie et mouvement :
Je ne voudrais pas voir d'avance,
S'il me revient quelques plaisirs,
Pour que la flatteuse espérance
Berçât sans cesse mes desirs. bis.

Docteurs, pourtant, *si* la science,
Du rire ôtait la faculté,
Je vous le dis en conscience,
Je lui préfère ma gaîté :
Mon lot vaut pour le moins le vôtre;
Je suis heureux, car je le croi :
Si le hasard m'eût fait un autre,
Mon vouloir serait d'être moi. bis

MES ADIEUX AUX ENFERS,

CHANSON que je me suis faite pour ma convalescence, après une maladie très-grave.

AIR : Où est le temps et la saison.

Noté n° 39.

ADIEU, Cocyte, adieu, Caron,
Adieu, Diable et Cerbère;
Vous m'attendiez sur l'Achéron,
Je reste encor sur terre :
Adieu, respectable Pluton
Et dame Proserpine;
Grace à mon docteur,
Je n'ai point l'honneur
D'aller voir votre mine.

Rien n'est plus sûr, j'irai vous voir,
Mais le plus tard possible;
Je suivrai ce long chemin noir,
Route incompréhensible :
J'habiterai l'obscur manoir;
Car dans la nuit profonde,
Ignares, savans,
Pleureurs ou plaisans,
Vont avec tout le monde.

Mes contemporains, les vivans,
C'est chose très-certaine;
Nous n'y serons plus dans cent ans,
Le monde ainsi s'enchaîne.
A chaque instant,
Très-promptement,
Des milliers d'humains passent.
Mais en même temps
Des milliers d'enfans,
Naissent et les remplacent.

Noires Sœurs, avec vos ciseaux,
  Ne coupez pas la trame
Du pauvre Etienne Despréaux;
  Laissez sa chétive ame
Faire encor quelque temps mouvoir,
  L'être qu'on appelle homme;
    Et puis un beau soir,
    Qu'il aille vous voir,
  En croyant faire un somme.

L'ÉCHO,

DÉDIÉ

A ZÉLIS.

AIR : Avec les jeux dans le village.

Noté n° 66.

ZÉLIS qui te regarde, — garde
De toi le plus doux souvenir;
Et tout plein de tendresse, — dresse
Mille plans pour te conquérir :
D'amour la pétulance, — lance
Dans son cœur, ses traits, tous les jours ;
Et son ame renferme, — ferme
Desir de t'adorer toujours. bis.

CELLE que j'examine, — mine
Mon cœur et me rend malheureux;
Fol amour, dois-je attendre, — tendre
Regard de son œil langoureux?
Quand l'amour intercède, — cède,
Femme divine à mon desir;
Le temps s'envole, évite, — vîte,
De perdre un instant de plaisir. *bis.*

JE saurai, de Cythère, — taire
Tous nos plaisirs mystérieux;
Ah! l'amour que j'éprouve, — prouve
Que tu peux céder à mes vœux:
Mais ma Zélis, sans doute, — doute
Encor de ma brûlante ardeur;
Eh bien! permets qu'Etienne, — tienne
Et presse ta main sur son cœur. *bis.*

LA RAISON[1]. *

AIR : Vaudeville des Petits Montagnards.

Noté n° 67.

Ou l'Officier de fortune.

Noté n° 68.

Aujourd'hui ma tâche est de faire,
Sur *la Raison*, une chanson :
Mais c'est un être imaginaire,
Que ce fantôme de raison : bis.
La preuve en est, c'est que chaque être
Veut que lui seul ne soit pas fou ;
Raison, je voudrais te connaître ;
Mais tu loges... je ne sais où. bis.

[1] Fait en 1797.

Au bout de sa flamberge, un brave
Croit que doit être la raison;
Le buveur la loge en sa cave;
Le chansonnier, dans sa chanson: bis.
L'homme de loi, dans la coutume;
Le sot, dans l'objet de son goût;
L'avocat, au bout de sa plume;
Et moi, je la cherche par-tout. bis.

Entre mes yeux, dans ma cervelle,
En vain, je la cherche souvent;
Je crus en voir une étincelle,
Certain jour que j'étais rêvant: bis.
Je la nommais *Philosophie;*
Je croyais ses conseils divins;
Mais, hélas! c'était la Folie,
Mes camarades les humains. bis.

O toi, que vainement j'appelle,
O, du grand Tout, rayon divin,
« D'amour, tu crains une étincelle,
» Tu te troubles d'un peu de vin[1] » : bis.
Un rien te cause de la peine;
Quand je veille, souvent tu dors,
Et de cette machine humaine,
Tu prétends guider les ressorts! bis.

Raison n'est que triste folie,
Et nous console rarement;
Dans le court chemin de la vie,
Il vaut mieux s'étourdir gaîment : bis.
Cueillons des fleurs sur le passage,
Rimons une aimable chanson;
Anacréon, voilà le sage,
Qui seul connaissait *la Raison*. bis.

---

[1] Imitation :

Un peu de vin la trouble, un enfant la séduit.

Madame des Houlières.

Vous savez que, jadis en Grèce,
Les philosophes fourmillaient ;
Eh bien ! que faisaient-ils sans cesse ?
Mes amis, ils se querellaient : bis.
« J'ai *Raison* », disait Héraclite,
« De pleurer sur ce que je vois ;
» Moi, j'en ris », disait Démocrite,
« Je ris de tout, et je le dois ». bis.

Je suis toujours en méfiance,
Sur les discours de nos savans ;
Tous ces gens, de vaste science,
Sont parfois d'adroits charlatans : bis.
Qu'ils ont rendu de têtes folles,
Avec leur masque de *Raison !*
Oui, l'art d'arranger les paroles,
Est l'art de sucrer le poison. bis.

MAHOMET, César, Alexandre,
Tous ces hommes de grand renom,
Qui mirent l'univers en cendre,
Avaient-ils ombre de *Raison?* bis.
Mais mon Pégase est hors d'haleine,
Et me dit que je suis trop bon,
De me donner ici la peine
De raisonner, sur la *Raison*. bis.

ÂNE.

AIR : Tous les Bourgeois de Châtres.

Noté n° 13.

HABITANT de la terre,
Patron des ignorans;
Toi que chanta VOLTAIRE,
Je te mets sur les rangs :
Puisqu'à te peindre en vers, le hasard me condamne,
Mets-toi là, *troisième animal;*
Car après l'homme et le cheval,
BUFFON a classé l'*Ane*.

QUELS dons a reçus l'*Ane!*
Poil fin, d'un joli gris,
Petits pieds, bel organe,
Tempérament sans prix:
Manger, boire et dormir, dormir, manger et boire,
Est le partage de ton temps;
Ane, jamais d'autres talens
N'ont chargé ta mémoire.

QUE d'êtres qu'on envie
Ne savent rien de plus!
Qui peut troubler sa vie?
L'*Ane* a-t-il des écus?
Pour amasser de l'or, il n'est pas assez dupe;
Sous ses pieds naissent ses repas,
Mangeant, digérant pas à pas,
Le présent seul l'occupe.

Enfant de la nature,
Patient, sobre et doux,
Que boit-il? de l'eau pure;
Il méprise les coups:
En philosophe il vit; car il fait tout sans gêne;
Oui, l'*Ane*, sous différens points,
Sur-tout en plaisirs, en besoins,
Ressemble à Diogène.

Voyez dans Apulée,
Il vaut son pesant d'or;
Ainsi qu'en Galilée,
Au Caire, il sert encor:
Les Turcs et les Chrétiens font de sa croupe un siége;
Soit à la voix, soit à la main,
Sous l'homme, il va son droit chemin,
Et le tout sans manége.

Abel, nous dit l'histoire,
Fut tué par Caïn;
D'un *Ane* la mâchoire
Sans doute arma sa main [1]:
Furieux, vers son frère il court, l'atteint, l'assomme;
Et l'on voit, d'après ce rapport,
Que le premier *Ane* était mort
Avant le premier homme.

Samson l'infatigable,
L'Achille des Hébreux,
Dont la force incroyable
Tenait à ses cheveux,
D'un *Ane*, au lieu de sabre, empoigna la mâchoire;
Et juste à mille Philistins,
Méchans, hargneux, bourrus, mutins,
Fit passer l'onde noire.

[1] Voyez *la Mort d'Abel*, figures de *la Genèse*, nº 4.

On rit de ses oreilles ;
Jadis le roi Midas
En avait de pareilles :
Combien de gens, hélas !....
Muse, arrêtons-nous là, redoutons l'aventure
De ce peintre qui, trait pour trait,
Faisant d'un *Ane* le portrait,
Fit sa propre figure.

ÇA M'EST ÉGAL, *

OU

L'ÉGOÏSTE.

AIR : Du haut en bas.

Noté n° 50.

ÇA m'est égal,
Qu'on fasse la paix ou la guerre,
Ça m'est égal,
J'ai pris mon parti sur le mal :
Il est si commun sur la terre,
Que je dis, n'y pouvant rien faire,
Ça m'est égal.

Ça m'est égal,
Qu'on entre en ce monde, ou qu'on sorte,
Ça m'est égal;
Tout doit subir le coup fatal :
On dit que Dorimène est morte,
Est-ce un bien? est-ce un mal? qu'importe?
Ça m'est égal.

Ça m'est égal,
De voir les riches à l'aumône,
Ça m'est égal;
Beaucoup d'autres iront au bal;
La vie en est moins monotone :
Je ne m'intéresse à personne,
Ça m'est égal.

ÇA m'est égal,
Qu'il pleuve, ou qu'il grêle, ou qu'il vente,
Ça m'est égal;
Pour moi ce n'est pas un grand mal:
Rien au monde ne me tourmente,
Pourvu qu'on me solde ma rente,
Ça m'est égal.

TOUT *m'est égal,*
Je vous le dis, je le proteste,
Tout *m'est égal,*
Sur terre, il n'est ni bien ni mal:
Je verrais périr par la peste
Tous les hommes; moi, si je reste,
Ça m'est égal.

ÇA m'est égal,
De vivre tout comme un sauvage,
Ça m'est égal....
Aye! aye! à l'estomac j'ai mal;
Donnez-moi vîte un bon potage!
Que d'autres souffrent davantage,
Ça m'est égal.

PEUT-ÊTRE,

OU

LA MÉTEMPSYCOSE.

A ZOÉ.

AIR : Femmes, voulez-vous éprouver ?

Noté n° 69.

Ou Vaudeville d'Alcibiade.

Noté n° 74.

FEU RABELAIS dit, en mourant,
« *Je vais chercher un grand peut être* »;
Ainsi que lui, fort ignorant,
Sur l'avenir, je dis, *peut-être.*
L'ame qui fait mouvoir mon corps,
Ira dans une autre,... *peut être;*
Si jamais je suis femme, alors,
Je serai constante,... *peut-être.*

Moins à l'amour, qu'à la raison,
Mon ame cédera,... *peut-être ;*
Sans esprit, un joli garçon,
N'obtiendra rien de moi,... *peut-être :*
Je saurai fixer mon amant,
Sans être coquette,... *peut-être ;*
Douceur, franchise et sentiment,
L'enchaîneront toujours,... *peut être.*

Mais dans un être masculin,
Mon ame reviendra,... *peut-être ;*
Belles, je serai plus malin,
Je ne vous croirai plus,... *peut-être :*
Aux jolis piéges de vos yeux,
Vous ne me prendrez plus,... *peut-être ;*
Plus instruit, je choisirai mieux
L'être qui m'aimera,... *peut-être.*

Tout est de toute éternité,
Ainsi que mon ame,... *peut-être ;*
Au corps que j'ai pris et quitté,
Cent fois je rentrerai,... *peut-être :*
Zoé, je serai papillon,
Quand vous serez rose,... *peut être ;*
Sur votre joli vermillon,
J'oserai butiner,... *peut-être.*

Vous serez moi, je serai vous,
Dans quelques cent mille ans,... *peut-être ;*
A votre tour, à mes genoux,
En vain, vous me prierez,... *peut-être ;*
Le sort, un jour, me fera roi ;
Vous serez bergère,... *peut-être ;*
Vous offrant mon cœur et ma foi,
Vous les accepterez,... *peut-être.*

En tourterelle, en tourtereau,
Nos ames reviendront,... *peut-être*,
Et tous les deux, jusqu'au tombeau,
Nous nous adorerons,... *peut être*:
N'attendez pas jusqu'à ce temps,
Rien de cela n'est vrai,... *peut-être*;
Profitons vîte des instans;
Qui dit *à demain*, dit.... *peut-être*.

L'EXTRAIT D'UN AMI,

A

MON AMI CHARLES.

AIR : Tout le long, le long, le long de la rivière.

Noté n° 2.

Si j'étais femme, et que Charlot
Pût être gagné comme un lot,
Je mettrais à la loterie;
Je vous le dis sans flatterie,
Pour avoir Charle en mon pouvoir,
Je risquerais tout mon avoir :
Ne croyez pas, Messieurs, que je badine,
L'extrait d'un ami vaut beaucoup mieux qu'un quine
L'extrait d'un ami vaut mieux qu'un quine.

HASARD, ou destin, qui fait tout,
En le faisant, a fait beaucoup :
Bon humain, bon époux, bon père,
Cœur parfait et bon caractère,
Généreux, sincère, obligeant ;
C'est bien plus que beaucoup d'argent !
Ne croyez pas, Messieurs, que je badine.
L'extrait d'un ami vaut, cent fois mieux qu'un quine;
L'extrait d'un ami vaut mieux qu'un quine.

SI le ciel, selon mon desir,
Me disait : « Tiens, tu peux choisir :
» A droite, voici la fortune ;
» A gauche, amitié peu commune » ;
Je lui répondrais aussi-tôt :
« Mon dieu ! je prends l'ami Charlot » :
Ne croyez pas, Messieurs, que je badine.
L'extrait d'un ami vaut, cent fois mieux qu'un quine;
L'extrait d'un ami vaut mieux qu'un quine.

LE CHANSONNIER MALADE,

A SES CAMARADES QUI DÎNAIENT SANS LUI.

AIR : Mon père était pot.

Noté n° 25.

Toujours midi, toujours minuit,
Font le tour de la terre :
Sans cesse on y pleure, on y rit,
On accouche, on enterre ;
A tous les instans,
Et pluie, et beau temps,
Maux et biens, tout circule ;
L'un à table rit ;
L'autre est dans son lit,
Où la fièvre le brûle.

Cet autre, en ce moment, c'est moi;
Depuis une décade,
Le sort m'a donné, pour emploi,
Le rôle de malade :
Il est sérieux,
Même périlleux,
Sans profit et sans gloire ;
J'aimerais bien mieux,
Convives joyeux,
Être avec vous à boire.

Je tiens, en dictant cet écrit,
Posture horizontale ;
De mon sang et de mon esprit
La marche est inégale :
Quand esprit et corps,
Sont tous deux discords,
Assez mal on s'exprime;
J'arrange des mots,
Mais, tenez, mes maux
Brouillent raison et rime.

Grace à *Bourdois*, mon médecin,
Docteur savant et sage,
Dans peu, je serai sauf et sain,
Et je ferai l'usage
Qu'un homme de sens,
Doit faire des sens,
Qu'il a pour cette vie :
Puis, dans un long-temps,
Quand j'aurai cent ans....
Adieu la compagnie.

NAISSANCE,

PORTRAIT ET FÊTE

D'UNE NYMPHE.

BOUQUET.

AIR : Que le sultan Saladin.

Noté nº 70.

Un jour le grand Jupiter
Des dieux païens le *pater*,
Dit : « Je veux faire une belle
» Qu'on citera pour modèle :
» En fait de graces, d'appas,
» D'appas, *bis*.
» Elle n'en manquera pas ».
Voici comme ce Dieu suprême
Fit ce que j'aime. *bis*.

Il prit un rayon du jour,
Et de la pâte d'amour,
Avec de l'intelligence,
Esprit, graces, bienfaisance;
Puis il pêtrit tout cela,
Tourna, moula;
Et fit cette nymphe là.
« Bon! dit-il, il faut encor faire
» Le don de plaire ». bis.

Par la fenêtre des cieux,
Il fit signe à tous les dieux;
Tout aussi-tôt sur l'Olympe,
Voilà chaque dieu qui grimpe,
En disant : « Que voulez-vous
» De nous, de nous » ?
Il leur répondit à tous :
« A G***, donnez sur la terre
» Le don de plaire ». bis.

Terpsichore, en un moment,
Lui montra son art charmant;
Vénus donna sa ceinture,
Cupidon sa chevelure,
Le jeune Hébé, son maintien,
Ce rien, ce rien
Qui fait que tout paraît bien ;
Les Graces donnèrent leurs charmes,
L'Amour ses armes. bis.

Puis, du haut du firmament,
Dieu lançant l'objet charmant,
Dit : « Sur la machine ronde,
» Qu'elle plaise à tout le monde ;
» Je l'envoye à l'Opéra;
» C'est là, c'est là
» Que la tête en tournera ;
» Des Graces, elle a tous les charmes,
» D'Amour, les armes ». bis.

CHACUN dit en la voyant:
« Dieux! quel ensemble attrayant!
» Dans ses bras quelle souplesse!
» Et dans ses pieds quelle adresse!
» Elle aura toujours quinze ans,
» Quinze ans, quinze ans;
» Elle sait fixer le Temps;
» Des Graces, elle a tous les charmes,
» D'Amour, les armes ». bis.

De cet objet merveilleux,
Regardez les jolis yeux;
Ce sont les miroirs de l'âme,
De la nymphe qui m'enflâme:
J'y trouve sincérité,
Gaîté, bonté,
Douceur, amour, volupté:
Des Graces, elle a tous les charmes,
D'Amour, les armes. bis.

LES

QUATRE TEMPS DE L'HOMME,

IMPROMPTU.

AIR : Tout le long, le long de la rivière.

Noté n° 2.

Le jeune homme, dans son printemps,
Ne cesse de hâter le temps ;
Dans son été, l'insouciance
Fait qu'il passe sans qu'il y pense ;
Dès qu'il voit l'automne venir,
Il voudrait bien le retenir :
Mais au galop le sombre hiver approche.
Que d'instans perdus alors il se reproche !
Que d'instans perdus il se reproche !

LA FIÈVRE. *

Faite le 2 messidor an VI.

AIR : Aimé de la belle Ninon.

Noté n° 71.

Ou Femmes, voulez-vous éprouver ?

Noté n° 69.

FIÈVRE d'amour, trouble mes sens,
Lorsque je pense à ma Sylvie ;
Alors, dans tout mon corps je sens
S'accroître le feu de la vie :
Si je revois ses jolis yeux,
L'ardeur augmente ; je soupire,
Et, lorsque j'espère être heureux,
Ma *fièvre* devient un délire. bis.

SANS *fièvre*, il n'est point de héros;
Sans *fièvre*, il n'est point de génies.
Combien nous lui devons de maux,
De chefs-d'œuvres et de folies!
Le joueur, bravant le hasard,
L'ambitieux, sans retenue,
Les Alexandre, les César,
Ont tous la *fièvre* continue. bis.

MILLE auteurs, dont je tais le nom,
N'eurent jamais que *fièvre* lente;
CORNEILLE, VOLTAIRE, PIRON,
Avaient toujours la *fièvre* ardente:
Fièvre avec transport au cerveau,
Brûlait MILTON, à chaque ligne;
Nous voyons, en lisant BOILEAU,
Qu'il avait la *fièvre* maligne. bis.

Nos rimeurs, à beaux sentimens,
N'ont que des *fièvres* éphémères,
Et les auteurs de nos romans,
Des *fièvres* extraordinaires : [1]
S'il faut que le sort, quelques jours,
Par la *fièvre*, au lit me retienne,
Fais qu'elle soit, dieu des Amours,
Ta *fièvre* double et quotidienne. bis.

[1] Il y a des fièvres extraordinaires, comme pestilentielles, &c. Voyez le *Dictionnaire de Trévoux*.

LE

LANGAGE DES MAINS,

CHANSON PANTOMIME[1].

AIR : Chacun avec moi l'avoûra.

Noté n° 27.

A mes leçons, jeunes humains,
Prêtez une oreille attentive ;
Je vais du langage des mains,
Vous montrer la règle expressive : bis.
Avec la main, nous affirmons, bis.
Avec le poing, l'homme menace,
Avec le doigt, (nous indiquons ; bis.)
Les mains jointes demandent grace. bis.

[1] Cette chanson n'a rien de piquant, si la personne qui la chante n'exprime par ses gestes ce qu'elle dit.

La bonne-foi vous prend la main,
Et vous la serre, avec franchise;
Avec le revers, le dédain
Rejette celle qu'il méprise: bis.
La main dit non, la main dit oui, bis.
La main flatte, la main caresse;
Combien l'amant (est réjoui bis.),
Quand ses mains pressent sa maîtresse! bis.

De loin, la main, mieux que la voix,
Dit qu'on avance, ou qu'on recule;
La frayeur écarte les doigts,
Avec eux, l'ignorant calcule: bis.
L'homme pensif frotte son front, bis.
La main applaudit, prend et donne;
Elle interroge, (elle répond bis.):
Elle remercie, elle ordonne. bis.

L'ESPOIR lève les mains aux cieux,
Pour implorer la providence;
La honte les met sur les yeux,
Sur son sein, les met la décence : bis.
Le sage, en l'air, les élevant, bis.
Tâche d'appaiser le tumulte,
Du plat de la main vivement,
Toucher la joue, bis. est une insulte. bis.

LE comédien ou l'orateur,
Sans mains, serait un corps sans âme;
La main qu'on porte sur son cœur,
Du tendre amour nous peint la flâme : bis.
Ce dieu charmant a de l'esprit bis.
Jusqu'au bout des doigts, à Cythère;
Sur sa bouche un seul doigt nous dit :
« Pour être heureux, bis. sachez vous taire » bis.

LES NICHES.*

AIR : de la Croisée.

Noté n° 16.

Je me souviens qu'étant enfant,
J'aimais à faire mille *niches ;*
Je me souviens qu'étant plus grand,
Des vierges, j'adorais *les niches ;*
Je me souviens d'avoir souvent
Chanté les saintes et leurs *niches ;*
Tâchons encore, en ce moment,
De chansonner *les niches*. bis.

LE lit où *niche* ma Lison,
Est dans une petite *niche ;*
Niche est tout près de sa cloison,
Où *niche* son petit caniche ;
Dans une cage, est son serin,
Qui *niche* près de la corniche,
De crainte que son chat malin.
Du nid, ne le *déniche*. bis.

DANS les cieux, sans doute, les saints
Sont toujours logés dans des *niches,*
Et, sur la terre, les humains,
Ont, de plus ou moins belles *niches ;*
Car, les greniers et les palais,
A mon gré, sont toujours des *niches :*
Mais, à la fin, maîtres, valets
Ont, tous, les mêmes *niches*. bis.

L'HOMME, avant que de voir le jour,
Reste neuf mois, dans une *niche* ;
Son corps fait par et pour l'amour,
De l'ame éternelle, est la *niche* :
Lorsqu'il atteint quinze ou seize ans,
A Cythère, il cherche une *niche* ;
Enfin, après bien des tourmens,
De ce monde, il *déniche*. bis.

LE

PREMIER MOMENT D'UN SIÈCLE,

RÊVE.

CHANSON faite le 1er jour de l'an 1801.

AIR : Vaudeville de Jean Monet.

Noté n° 5.

QUAND je dors la nuit, je rêve;
Aussi-tôt, mon fol esprit
Qui, dans le repos endêve,
Laisse mon corps dans mon lit;
A travers
L'univers,
Dans son humeur vagabonde,
Il vole de monde en monde,
Voir leurs habitans divers. *ter.*

La nuit d'hier, sur l'Olympe,
Il se fit un très-grand bruit;
Soudain mon esprit y grimpe,
Il était juste minuit :
De cent ans
En cent ans,
Un dieu remonte l'horloge,
De ce monde où l'homme loge,
Pleure et rit, quelques instans. ter.

Ce beau ciel est le couvercle
Qui couvre l'immensité ;
Chacun sait fort bien qu'un cercle
Figure l'éternité ;
Au milieu,
Comme essieu,
Est l'astre qui nous éclaire ;
Dans ce globe de lumière,
Est l'atelier de ce dieu. ter.

A son bras, ce dieu suprême
Aunait un siècle de temps;
Puis dans le soleil, lui-même,
Mit de l'huile pour cent ans;
Puis enfin,
De sa main,
La divine prévoyance,
Enregistra sa dépense,
Sur le livre du Destin. ter.

Il rassemblait toutes choses,
Pour refaire un chapelet
Des mêmes effets et causes;
Le hasard les enfilait:
Et des cieux,
Nos neveux
Verront pleuvoir sur leurs têtes,
Mêmes biens, mêmes tempêtes,
Qu'ont vu pleuvoir nos aïeux. ter.

A l'Amour, à la Fortune
Il mit de nouveaux bandeaux ;
Les Parques eurent chacune,
Nouveau fil, nouveaux ciseaux :
Dans la main
Du Destin,
Il mit balances nouvelles ;
Puis, du Temps, touchant les ailes,
Il dit : « Suis toujours ton train ». ter.

Sur du millet, dans une urne ;
Est écrit, *bon jour, bon soir,*
Et cette urne, c'est Saturne
Que d'ici nous pouvons voir :
Par le sort,
Un grain sort :
Juste au même instant, une ame,
Ou s'éteint, ou bien s'enflamme ;
Voilà la vie et la mort. ter.

Il reforgea les tonnerres,
Les biens et les maux divers,
Les vérités, les chimères,
Qu'il faut à cet univers :
Mon esprit
L'entendit
Dire : « Qu'on passe l'éponge ;
» Que le passé soit un songe ».
Et tout ce qu'il dit, se fit. ter.

En habit couleur de rose,
L'Espérance s'avança ;
Mon esprit fit une pause,
Ce fantôme l'embrassa,
Et lui dit :
« Pauvre esprit,
» Bon siècle, je te souhaite ;
» Voilà le jour, fais retraite ;
» Ton maître t'attend au lit ».
Lors, je revis mon esprit,
Qui me dicta cet écrit.

L'À PROPOS. *

AIR : Vaudeville du Petit Jokei.

Noté n° 54.

Ou Femmes, voulez-vous éprouver ?

Noté n° 69.

C'EST demain le deux ; *à propos*,
C'est le dîner du Vaudeville ;
J'y dois porter, sur *l'à propos*,
Chanson qui va courir la ville.
Il est, je crois, fort *à propos*
De me mettre, vîte, à l'ouvrage ;
A rimer, je me sens dispos :
Inspire-moi, Muse, une page.

MAL *à propos*, bien *à propos*,
Sur la terre, rôdent sans cesse;
Et les humains, à tous *propos*,
Sont dans les pleurs, ou dans l'ivresse:
Nous ne trouvons mal *à propos*,
Que l'objet qui nous contrarie;
Mais nous trouvons bien *à propos*,
Ce qui vient selon notre envie.

SAVOIR agir bien *à propos*,
Fait réussir plus d'une affaire;
Souvent parlant mal *à propos*,
On défait ce qu'on voudrait faire:
Muse! donne-moi *l'à propos*,
Quand je rime une chansonnette!
Amour! amène *l'à propos*,
Lorsque je serai chez Lisette!

« Vous arrivez bien *à propos* »,
L'autre soir, me disait Sylvie :
« Dites-nous de joyeux *propos*,
» Ou chantez-nous une folie,
» A l'improviste ». — « En *à propos*,
» Belle, il faut donc que je chansonne ?
» On n'a pas toujours *l'à propos* ,
» Quand on entre dans son automne ».

Je m'esquivai fort *à propos* ;
Le lendemain j'allai chez elle.
En entrant, je dis : « *A propos*,
» J'ai fait, pour vous, chanson nouvelle ». —
» Ah ! dit-elle, cher *Despréaux*,
» Me plaindre, n'est pas ma coutume ;
» Mais petit couplet, *à propos*,
» Vaut, selon moi, mieux qu'un volume ».

LE TIMBRE.

Rapport du *Commissaire* de la Société des dîners du Vaudeville, envoyé au Ministre des finances, en l'an VII.

AIR : C'est la fille à Simonette.

Noté n° 63.

CITOYENS, CONFRÈRES ET AMIS,

POUR une importante affaire,
Par vous, d'un commun accord,
Je fus nommé Commissaire ;
Je vais faire mon rapport :
Au Ministre, face à face,
Suivant votre intention,
Au nom du joyeux Parnasse,
J'ai lu ma pétition.

Vous saurez que ce Ministre,
Qui n'est pas un vieux barbon ;
Au lieu d'avoir l'air sinistre,
Est affable, doux et bon :
Pour lui lire ma requête,
Je me mis dans un fauteuil,
Et lui dis d'un ton honnête,
En donnant notre recueil :

AIR : Trouver le bonheur en famille.
Noté n° 73.

CITOYEN [1], lisez, s'il vous plaît,
De ce petit livre une page ;
Vous verrez par chaque couplet,
Qu'il ne faut pas timbrer l'ouvrage ;
Et tous, nous vous en saurons gré ;
Car, ainsi que moi, chacun pense,
Qu'ayant déjà l'esprit *timbré*,
Ce nous serait double dépense.

[1] Titre qu'on donnait dans ce temps à tout le monde.

ENTRE quinze, nous composons,
Remplis de joie et de liesse,
Pour quinze sols, quinze chansons,
Cela fait juste, un sol la pièce. [1]
Si notre esprit évaporé
Ne pense qu'à rimer et boire,
L'imprimeur qui n'est pas *timbré*,
Aime mieux l'argent que la gloire.

[1] Par le prix de l'abonnement, cela revenait à cette somme.

L'ESPRIT.

AIR : Tout le long, le long de la rivière.

Noté n° 2.

Pour loger *l'esprit* des humains,
Dieu fit, de ses puissantes mains,
Cet étui que l'on nomme tête,
Et que porte plus d'une bête ;
Étui qui contient quatre sens,
Et souvent fort peu de bon sens ;
Là, notre *esprit*, cet être imaginaire,
Du bon sens, souvent, fait juste le contraire,
Du bon sens fait juste le contraire.

CHACUN habille, à sa façon,
Son *esprit*, d'après sa raison;
L'un nous dit que c'est un atôme,
L'autre croit que c'est un fantôme:
J'ai pesé tout et je dis, moi,
Que *l'esprit* est... Je ne sais quoi:
Oui, notre esprit, cet être imaginaire,
Est je ne sais quoi, qu'il faut avoir pour plaire,
Est je ne sais quoi, qu'il faut pour plaire.

LES desirs, fils des passions,
Dirigent seuls nos actions;
Homme, tâche de te connaître,
L'intérêt fut toujours ton maître;
L'amour-propre ton courtisan,
Et le fol Amour ton tyran:
Et ton *esprit*, cet être imaginaire,
Est un avocat qui seul prétend tout faire,
Est un avocat qui veut tout faire.

Plus d'un sot est un érudit;
Plus d'un ignare a de *l'esprit;*
Les uns n'ont pas le mot pour rire;
Les autres parlent sans rien dire:
Heureux celui qui réunit
Profond savoir, aimable *esprit;*
Quand cet *esprit*, cet être imaginaire,
Du savoir ne fait pas juste le contraire:
Du savoir ne fait pas le contraire.

Il n'est point *d'esprit* sans défauts:
Celui d'un sot est toujours faux;
L'esprit méchant se plaît à mordre;
L'esprit brouillon n'est que désordre;
L'esprit léger est du clinquant;
L'esprit sain se trouvera... Quand?
Quand cet *esprit*, cet être imaginaire,
Saura bien parler à propos, ou se taire:
Bien parler à propos, ou se taire.

L'ESPRIT marche son droit chemin,
Quand la raison le tient en main;
Il s'élance avec le génie;
Caracole avec la folie,
Galope avec la fiction,
Se perd avec l'ambition:
L'esprit, l'esprit, cet être imaginaire,
Ainsi qu'un coursier, fait ce qu'on lui fait faire.
C'est pourquoi le mien n'a pu mieux faire.

PORTRAIT

DE

LA JEUNE MAGDELEINE M. N.

AIR : Vaudeville d'Alcibiade.

Noté n° 74.

Ou On compterait les diamans.

Noté n° 10.

Si j'étais peintre, je voudrais
Saisir juste ta ressemblance ;
Sur ma palette, je mettrais
Fraîches couleurs en abondance ;
Et pour ton teint, je broyerais
Couleur de lys, couleur de rose ;
Facilement je donnerais
Au modèle, une aimable pose.

Un ovale je tracerais,
Pour le contour de ta figure;
Nez mignon je dessinerais,
Comme te l'a fait la nature;
Juste au-dessous je placerais
Bouche petite et demi-close;
Et pour la border, je prendrais
L'éclat séduisant de la rose.

Bouche entr'ouverte, laisserait
Voir deux rangs de perles brillantes;
Chacun en les voyant dirait :
« Il n'en est point de plus charmantes »!
Avec bleu céleste, j'aurais
Juste le ton de ta prunelle :
Jamais, hélas! je ne pourrais
Rendre les attraits du modèle.

Sur tes épaules, je peindrais
Blonde chevelure flottante;
Enfin, au corps, je donnerais
Graces et tournure élégante:
A peindre juste un tel portrait,
Amour, fais qu'un jour je parvienne!
Je suis certain que l'on dirait:
« Il est charmant! c'est Magdeleine ».

MAUVAIS SUJET. *

AIR : Servantes, quittez vos paniers.

Noté n° 34.

COMMENT avec *mauvais sujet*,
  Faire un bon vaudeville,
Puisqu'avec le meilleur sujet,
  La chose est peu facile?
J'avais eu, d'abord, le projet
De faire chanson d'un seul jet;
Mais ce mot de *mauvais sujet*,
  Rend ma muse stérile.

« Vous êtes un *mauvais sujet*,
Me disait, hier Lise;
» Sur moi, vous avez un projet,
» Pour chose non permise;
» Vous ne venez pas sans sujet;
» A tromper, vous êtes sujet:
» De repentir, j'aurai sujet,
» Si je vous favorise ».

En bonnes mains, *mauvais sujet*
Est, rarement, passable;
En mauvaises mains, bon sujet
Est toujours détestable:
Sur la terre, maître ou sujet,
Avec, et souvent sans sujet,
Quand il prend femme, est fort sujet...
A se donner au diable.

On dit, souvent, avec sujet :
« La vie est un passage » ;
Et l'homme, encor, dans le trajet,
Est battu par l'orage :
Il vient au monde, sans sujet ;
A mille maux, il est sujet ;
Il s'en retourne, sans sujet :
A quoi bon le voyage?

Auteurs, qui traitez un sujet,
En vers, ou bien en prose,
Tâchez d'avoir un bon sujet :
C'est la première chose.
Minces sujets, petits sujets,
Pauvres sujets, *mauvais sujets*,
Tous ces sujets sont fort sujets
Aux sifflets... Et pour cause.

HASARD.

AIR : Tout le long, le long de la rivière.

Noté n° 2.

Si le *hasard* ne fait pas tout,
Il est certain qu'il fait beaucoup :
Le *hasard* nous met sur la terre ;
Le *hasard* fait aimer et plaire ;
Mars lui doit cent heureux combats,
Et l'amour de bien doux ébats ;
Dieu des *hasards !* sur la machine ronde,
Combien tu fais rire et fais pleurer de monde!
Que tu fais rire et pleurer de monde !

Le *hasard* fait pluie et beau temps,
C'est le père des accidens ;
Rarement on meurt de vieillesse,
Car l'aveugle *hasard*, sans cesse,
En frappant, à tort à travers,
Sait éclaircir cet univers.

Dieu des *hasards!* &c.

Mondor est riche et bien portant;
Mondor au bal s'en va content ;
Sur sa tête, une tuile tombe,
Voilà mon Crésus dans la tombe :
Un malheureux petit-neveu,
De ce *hasard*, rend grace à Dieu.

Dieu des *hasards!* &c.

Sur terre il n'est qu'heur et malheur.
L'autre jour un petit sonneur,
D'un clocher qui perce la nue,
Glisse, culbute, tombe et tue,
Sur la place, un gros sacristain :
Et lui, remonte sauf et sain.
Dieu des *hasards!* sur la machine ronde,
Combien tu fais rire et fais pleurer de monde!
Que tu fais rire et pleurer de monde!

Dans notre superbe Paris,
Où regnent les jeux et les ris,
On se voit, on s'aime, on s'engage;
Le *hasard* fait le mariage;
Combien d'enfans doivent le jour
Bien plus au *hasard*, qu'à l'amour!

Dieu des *hasards!* &c.

HARPAGON a quatre-vingts ans,
Beaucoup d'écus, et point d'enfans;
Enfin, sa femme le rend père,
Et par ce *hasard*, désespère
Certain grand cousin qui l'aimait,
Et que l'héritage enflammait.

Dieu des *hasards!* &c.

ON a vu bien souvent un sot,
Dire par *hasard* un bon mot;
Le *hasard* prête une saillie,
Il sert quelquefois le génie;
Le *hasard* donne des écus,
Mais jamais talens et vertus.
Dieu des *hasards!* sur la machine ronde,
Combien tu fais rire et fais pleurer de monde!
Que tu fais rire et pleurer de monde!

LE CARIK[1] BRISÉ,*

POT-POURRI,

Parodie du récit de THÉRAMÈNE.

EXPOSITION.

Un père ayant chassé son fils de la maison paternelle, pour raison de famille, aussi indécente qu'inutile à raconter, a chargé un vieil ami de voir quel chemin ce fils prendrait. Le vieil ami revient ; le père l'interroge.

SCENE PREMIERE ET DERNIERE.

LE PÈRE.

AIR : des Pendus.
Noté n° 75.

AMI, réponds, dis-moi, qu'as-tu ?
Je te trouve un air abattu ;
Ton front chagrin, ta mine blême,
Tout m'annonce un malheur extrême ;
Dis moi tout ce qui s'est passé.

L'AMI.

Votre *Hyppolite* est *in pace.*

[1] Le mot donné était CARIK.

LE PÈRE.

Comment ça?

L'AMI.

AIR : Non, je ne ferai pas ce qu'on veut que je fasse.
Noté n° 76.

A peine nous sortions des portes de Vincenne;
Il gagnait, tout pensif, le chemin de la Seine,
Il menait son *Carik ;* ses jokeis affligés,
Imitaient son silence, autour de lui rangés.

LE PÈRE.

Après?

L'AMI.

AIR : Du haut en bas.
Noté n° 50.

Sur ses chevaux,
Qu'il conduisait, souvent sans brides,
Sur ses chevaux,
Les plus dociles, les plus beaux,
Les plus fiers, les plus intrépides,
Sa main laissait flotter les guides,
Sur ses chevaux.

LE PÈRE.

Après ?

L'AMI.

AIR : Non, je ne ferai pas, etc.

APPRENEZ donc, monsieur, que ces superbes bêtes
Qui portaient, autrefois, si hautement leurs têtes,
Marchant, col alongé, s'appuyant sur leur frein,
Semblaient, de votre fils, partager le chagrin.

LE PÈRE.

Après ?

L'AMI.

AIR : Jupin dès le matin.

Noté n° 29.

UN effroyable cri,
Prolongé, nourri,
Comme un charivari,
Leur fait peur;
Et cette stupeur,
Porte la terreur,

Jusqu'au fond de leur cœur.
Ils reprennent leur train :
On voit leur crin
Se dresser vers les cieux,
Et de leurs yeux,
Grands, attentifs, brillans,
Étincelans,
Ils cherchent ce qui produit
Tant de bruit :
On voit bouillonner l'eau,
Près d'un bateau ;
Un monstre, des plus gros
Est dans les flots ;
On n'y distingue rien :
Puis, la vague vomit un gros chien.

LE PÈRE.

Ah ! ah !

L'AMI.

AIR : Chantez, dansez, amusez-vous.

Noté n° 77.

Tête de chien, griffes de chat,
Corps de lion, queue en trompette,
Gueule béante, museau plat,
Moitié barbet, moitié levrette,
Pattes torses, et dos voûté,
Poil blanc, noir, jaune et tout croté.

LE PÈRE.

Ensuite ?

L'AMI.

AIR : Non, je ne ferai pas, etc.

Jamais on n'a vu chien d'une si laide forme ;
Chacun, avec horreur, voit ce caniche énorme :
La peur nous prend à tous; tout le monde infecté,
En se bouchant le nez, se sauve épouvanté.

LE PÈRE.

Au fait.

L'AMI.

AIR : Robin turelure.

Noté n° 78.

VOTRE fils, en tout adroit,
Fait arrêter sa voiture ;
Puis, sur ses deux pieds, tout droit
Il s'assure ;
Et sa canne, en sa main sûre,
Fait au chien large blessure.

LE PÈRE.

C'est bien ça !

L'AMI.

AIR : Non, je ne ferai pas, etc.

LE caniche abattu, roule comme une boule,
Hurlant, beuglant, mordant, sous les chevaux il roule ;
D'effroi, les fiers coursiers prennent le mors aux dents,
Emportent le *Carik*,... votre fils est dedans.

LE PÈRE.

Ah ciel!

L'AMI, même air.

De ses chevaux bai-bruns, il tire en vain la guide;
Ils ne connaissent plus ni le frein, ni la bride:
On m'a dit que le diable, auquel je ne crois pas,
Les fit, à coups d'épingle, ainsi doubler le pas.

LE PÈRE.

Enfin?

L'AMI.

AIR : de Marlbourough.
Noté n° 79.

Ils traversent la plaine!

LE PÈRE.

Que mon cœur, mon cœur a de peine!

L'AMI.

Ils traversent la plaine,
Parcourent monts et vaux,
Parcourent monts et vaux;
Puis, ces fougueux chevaux

Vont, sans reprendre haleine,...

LE PÈRE.

Que mon cœur, mon cœur a de peine!

L'AMI.

Vont, sans reprendre haleine,
Au travers du chemin,
Au travers du chemin,
Droit, dans un bois voisin:

La roue accroche un frêne....

LE PÈRE.

Que mon cœur, mon cœur a de peine!

L'AMI.

La roue accroche un frêne;
L'essieu crie, et se rompt.
L'essieu, crie et se rompt;
Votre fils, leste et prompt,

SAUTE, mais dans les rênes....

LE PÈRE.

Que mon cœur, mon cœur a de peines!

L'AMI.

Mais, hélas! dans les rênes,
Son pied gauche accroché;
Son pied gauche accroché,
Fait qu'il a trébuché.

VERS les bords de la Seine....

LE PÈRE.

Que mon cœur, mon cœur a de peine!

L'AMI.

Vers les bords de la Seine,
Ses chevaux l'ont traîné.
Ses chevaux l'ont traîné
Sur le dos, sur le né.

LE PÈRE s'évanouit.

Ah!....

L'AMI.

AIR : Non, je ne ferai pas, etc.

Enfin, de votre fils, j'ai vu l'heure dernière ;
Lui, *Carik* et chevaux, tout est à la rivière ;
Je n'ai plus qu'un espoir ; allons tous les deux.....

LE PÈRE.

Où ?

L'AMI.

Repêcher votre enfant, aux filets de Saint-Cloud.

MORALE

Premier air.

Vous dont les voitures, souvent,
N'ont ni derrière, ni devant,
Et qui, dès que le cheval bute,
Risquez de faire la culbute :
De mon héros craignez le sort,
Et mettez à profit sa mort.

CHANSON A DEUX FINS,

OU

LES DEUX MADELEINES,

par un Mari dont la Femme dansait à merveille et dont la Sœur était religieuse.

AIR : du Petit Matelot.

Noté n° 52.

Un luth en main, à cette table,
Entre l'amour et l'amitié,
Je veux chanter la fête aimable,
De ma sœur et de ma moitié : *bis.*
Toi, Magdeleine, leur patrone,
Daigne seconder mes desseins !
Pour Terpsichore et pour la None,
Il me faut chanson *à deux fins.* *bis.*

L'UNE est célèbre par ses graces,
Mais plus encor par ses bienfaits.
L'autre, en suivant de saintes traces,
Compte là haut vivre à jamais. *bis.*
Au ciel, elles iront, sans doute;
Mais pour trouver ce lieu divin,
Ma sœur prend la plus courte route,
Ma femme, le plus long chemin. *bis.*

QUE dans la balance céleste,
Un Dieu pèse erreurs et vertus,
Ma femme, il trouvera du reste,
Pour te mettre au rang des élus : *bis.*
Si ma sœur, Sainte Eléonore,
Au fauteuil, parvient tout d'un trait,
Ma femme, sainte Terpsichore,
Au ciel, aura le tabouret. *bis.*

Le ciel me fit un cœur fragile,
Plus qu'un autre j'ai des défauts;
Tout en croyant au saint asyle,
Je ne suis pas des plus dévots: bis.
On fermera, c'est chose sûre,
A mon nez, la porte des cieux;
Mais au travers de la serrure,
Je vous verrai toutes les deux. bis.

LES ÉNIGMES,*

DIALOGUE

entre un Savant et un Ignorant, qui n'en savent pas plus l'un que l'autre.

AIR : J'étais, j'étais malade d'amour.
Noté n° 80.

L'IGNORANT.

Le monde a-t-il pu commencer?

LE SAVANT.

Pour moi, c'est une *énigme*.

L'IGNORANT.

Mais croyez-vous qu'il doit cesser?

LE SAVANT.

C'est encore une *énigme*.

L'IGNORANT.

Quel ressort fait agir et penser?

LE SAVANT.

Ami, c'est une *énigme*.

L'IGNORANT.

Qu'est-ce que c'est qu'éternité?

LE SAVANT.

C'est, pour l'homme, une *énigme*.

L'IGNORANT.

Qu'est-ce que c'est qu'immensité?

LE SAVANT.

C'est de même une *énigme*.

L'IGNORANT.

Le soleil a-t-il toujours été?

LE SAVANT.

C'est, pour nous, une *énigme*.

L'IGNORANT.

Mon corps, par l'ame, est-il conduit?

LE SAVANT.

Oui,... non,... c'est une *énigme*.

L'IGNORANT.

Avec moi, dort-elle la nuit?

LE SAVANT.

C'est encore une *énigme*.

L'IGNORANT.

Qu'est-ce que c'est que l'on nomme esprit?

LE SAVANT.

C'est... c'est... c'est une *énigme*.

L'IGNORANT.

Que nous faut-il, pour être heureux?

LE SAVANT.

Il faut... c'est une *énigme*.

L'IGNORANT.

Sage ou fou, lequel vaut le mieux?

LE SAVANT.

Ma foi, c'est une *énigme*.

L'IGNORANT.

Le hasard fait-il tout, sous les cieux?

LE SAVANT.

Voilà la grande *énigme*.

L'IGNORANT.

L'HOMME est-il né bon ou méchant?

LE SAVANT.

Pour moi, c'est une *énigme*.

L'IGNORANT.

A bien faire, a-t-il du penchant?

LE SAVANT.

C'est, peut-être, une *énigme*.

L'IGNORANT.

Par intérêt, agit-il souvent?

LE SAVANT.

Ceci, n'est point *énigme*.

LA FATALITÉ,

HISTOIRE VÉRITABLE.

AIR : J'ai vu par-tout dans mes voyages.

Noté n° 81.

IL n'est jamais d'effets sans cause,
Tout est prévu par le Destin ;
Fait important, petite chose,
Devait être, c'est très-certain :
Le sort qui de tout est le maître,
N'a changé, ni ne changera ;
Et cette chanson devait être : } bis.
La preuve en est que la voilà. }

Pour me charmer, vous deviez naître
Pleine de graces, de beauté;
A cet instant, je devais être
Folâtrant à votre côté :
Enfin, d'après la loi suprême,
Que le Destin tient par écrit,
Je dus vous dire : « Je vous aime »; } bis.
Rien n'est plus vrai, car je l'ai dit. }

Ce mot, que vous deviez entendre,
Devait d'abord vous étonner;
Et puis votre cœur, bon et tendre,
Devait bientôt me pardonner :
Juste dans ce moment, ma chère,
Je devais serrer votre main;...
En la retirant, en colère, } bis.
Vous obéissez au Destin. }

ZÉLIS, un doux espoir m'enivre;
Oui, je lis dans vos jolis yeux,
Que le sort a mis sur son livre,
Qu'un jour, vous me rendrez heureux;
Vous me reprochez mon audace,
Du ciel, c'était la volonté;
A vos genoux, j'attends ma grace.... } bis.
Le Destin l'avait décrété.

CÉDEZ à votre destinée,
C'est l'ordre que toujours je suis;
Pour mon bonheur, vous êtes née;
Pour vous adorer, je le suis:
En vain, vous voulez vous défendre;
Nos sentimens nous sont prescrits:
Ce baiser.... je devais le prendre, } bis.
Rien n'est plus vrai; car je l'ai pris.

Vous fixez les yeux vers la terre ;
Plus vivement, vous respirez ;
Mais qu'avez-vous? pourquoi me taire
Ce qui fait que vous soupirez?
Goûtons les plaisirs qu'amour donne,
Destin! je crois à ta bonté....
J'entends quelqu'un... on frappe... on sonne... } *bis.*
Grands dieux! quelle *fatalité!*.... }

IMPROMPTU

FAIT POUR L'AUTRE MONDE,

A MON AMI EUGÈNE.

partant pour l'Amérique.

AIR : Pour la Baronne.

Noté n° 23.

Pour l'autre Monde,
Demain matin, part le voisin ;
Calmez votre douleur profonde,
Eugène ira, mais reviendra,
De l'autre Monde.

Cet autre Monde,
Grace à Dieu, n'est pas le néant;
Le voyage s'y fait par l'onde,
Et l'on revient, très-aisément,
De l'autre Monde.

De l'autre Monde,
Il faut que ce fidèle ami
Souvent avec nous corresponde;
Que ne peut-on écrire aussi,
De l'autre Monde!

Dans l'autre Monde,
Ne va pas prendre une moitié,
Ou blanche, ou noire, ou brune, ou blonde,
Reviens, au nom de l'amitié!
Dans notre Monde.

Que tout le Monde,
D'Eugène, porte la santé;
A nos vœux que le vent réponde!
Et le ramène, cet été,
De l'autre Monde.

Que tout le Monde
Embrasse l'aimable garçon
Qu'un vaisseau va porter sur l'onde,
Et puis, l'auteur de la chanson,
De l'autre Monde.

LA NAPPE. *

AIR : Vaudeville de Jean Monnet.

Noté n° 5.

UNE *Nappe* d'eau limpide
Me plaît par son transparent,
Et *Nappe* de feu rapide,
Des enfers peint le torrent : [1]
Mais en lin
Blanc et fin,
Soit de Hollande ou de Frise,
Quand, pour moi, la *Nappe* est mise,
Je rends grace à mon destin. bis.

[1] Dans un feu d'artifice que j'ai fait donner à Tivoli, représentant *la descente d'Orphée aux Enfers*, une superbe nappe de feu rendait parfaitement bien l'idée poétique du Phlégéton roulant des flots de feu.

LORSQUE l'Hiver nous assiége,
En duvet changeant ses eaux,
Le ciel met *Nappe* de neige,
Pour sauver les végétaux;
Aux doux temps
Du printemps,
Notre mère, la Nature,
Étend *Nappe* de verdure,
Où folâtrent les amans. bis.

LA terre est la table ronde
Où Cérès met, tous les ans,
Riche et grande *Nappe* [1] blonde,
Au mois d'août, pour ses enfans:
Nos aïeux,
Grace aux dieux,
Vivaient tous à même table,
De cette *Nappe* admirable
Qui doit nourrir nos neveux. bis.

[1] NAPPE DE BLÉ. Voyez le *Dictionnaire de Trévoux*.

LORSQU'A midi, l'heure frappe,
Je dis : « Quand j'étais enfant,
» Mes parens mettaient la *Nappe*,
» Et dînaient, en ce moment :
» Nos aïeux
» Savaient mieux
» Diviser notre journée ;
» Car l'heure de la dînée,
» Partageait le jour en deux. bis.

Tous les jours on nous retarde
La *Nappe* et ce qui s'en suit ;
Bientôt, si l'on n'y prend garde,
Nous dînerons à minuit ;
C'est certain :
Puis enfin,
J'ai peur qu'on ne nous attrape,
Qu'on ne remette la *Nappe*,
Quelque jour, au lendemain. bis.

Tous les mois [1], sur cette *Nappe*,
On nous sert mets succulens ;
Avant que la mort nous happe,
Happons ces morceaux friands,
Et d'un air
Ferme et fier,
Attendons qu'elle nous frappe ;
Puis, allons voir si la *Nappe*
Est mise chez Lucifer. bis.

[1] Les Dîners du Vaudeville ont lieu une fois par mois.

LA NEIGE. *

AIR : Vaudeville du Petit Matelot.

Noté n° 52.

Aujourd'hui, ma folâtre Muse,
Pour m'inspirer, prends un manchon!
Je m'apperçois que le temps m'use;
Je suis aussi froid qu'un glaçon : bis.
Pour mon bonheur, hélas! que n'ai-je
Ce goût, autrefois plein d'attraits,
Lorsqu'étant enfant, sur *la neige*,
Je faisais lettres et portraits! bis.

Comment chanter, avec ivresse,
La blanche couronne des monts?
Bacchus, l'Amour, notre maîtresse,
Sont les objets que nous aimons: bis.
Un destin ennemi m'assiége,
Et me poursuit même en chanson;
Essayons pourtant sur *la neige*,
De marier rime et raison. bis.

Pour recueillir dans mon automne,
J'avais semé dans mon printemps;
Soudain, de Mars, le bronze tonne;
Tout fut détruit, en peu d'instans. bis.
Mon avoir, tous les jours, s'allége;
Pour vivre, je prends sur mon fond;
Et, comme une boule de *neige*,
Ma pauvre fortune se fond. bis.

NEIGE, ta blancheur éclatante
Blesse l'œil, attriste l'esprit;
Je sens ma Muse, grelotante,
Trembler, en dictant cet écrit; bis.
Son conseil est que je l'abrège;
Elle a raison; cherchons du feu:
Nivôse approche, il vente, *il neige*,
Je gèle, j'ai l'onglée; adieu. bis.

LE TOURNESOL,

Folie faite en impromptu à la campagne, pour fêter MARIE *** [1].

AIR : Brillant soleil, brillant soleil.

Noté n° 82.

CHŒUR.

BRILLANT Soleil ! brillant Soleil !
Ame éternelle du monde !
Brillant Soleil ! brillant Soleil !
Tu n'eus jamais ton pareil.

[1] Cette fête commença par une marche des prêtres du Soleil habillés avec des nappes et serviettes blanches, drapées à l'antique, ayant chacun un Tournesol sur la poitrine, et portant des fruits, fleurs et légumes de la saison. Le grand prêtre était à leur tête, et portait le plus grand Tournesol.

LE GRAND PRÊTRE.

Autour du vaste univers,
Tous les jours, tu fais ta ronde,
Et tu m'inspiras des vers,
Pour cette charmante blonde.

CHŒUR.

Brillant Soleil! brillant Soleil! &c.

LE GRAND PRÊTRE.

Air italien. Noté n° 83.
Ou Aussi-tôt que la lumière. Noté n° 9.

Le Soleil est le principe
De l'éternel mouvement;
Par ses ardeurs, il dissipe
L'humide et vaste élément:
Il enfante le tonnerre,
Les orages, les beaux jours,
Et pour repeupler la terre,
Il enflamme les amours.

CHŒUR.

Premier air.

BRILLANT Soleil ! brillant Soleil !
Ame éternelle du monde !
Brillant Soleil ! brillant Soleil !
Tu n'eus jamais ton pareil.

LE GRAND PRÊTRE.

C'EST le dieu de la lumière,
C'est le dieu de nos couplets ;
Auprès de notre chaumière,
Il fit naître ces bouquets :
La rose, au matin fleurie,
A ses feux doit sa couleur,
Comme tu lui dois, MARIE,
Tout l'éclat de ta blancheur.

CHŒUR.

Brillant Soleil ! &c.

LE GRAND PRÊTRE.

De la lune il est le frère,
Des étoiles, le cousin ;
De l'aurore il est le père,
Et l'esclave du Destin :
Il faut qu'il tourne sans cesse,
Et ramène, en sa saison,
Ce jour rempli d'alégresse
Où nous célébrons Manon.

CHŒUR.

Brillant Soleil ! brillant Soleil !
Ame éternelle du monde !
Brillant Soleil ! brillant Soleil !
Tu n'eus jamais ton pareil.

LE GRAND PRÊTRE.

Son feu pénétrant la terre,
Fait germer les végétaux,
Et sur la surface éclaire
Les gens d'esprit et les sots :

Par sa marche circulaire,
Aux savans il procura
Lunette, cadran solaire,
Almanach *et cætera.*

CHŒUR.

Brillant Soleil ! &c.

LE GRAND PRÊTRE.

DANS sa brûlante carrière,
Il se rit au haut des airs,
En voyant l'Europe entière
Philosopher de travers :
Et tandis que beaucoup d'hommes
Y sont dupes ou fripons,
Il y fait mûrir les pommes,
Les noix et les potirons.

CHŒUR.

Brillant Soleil ! &c.

LE GRAND PRÊTRE.

Que de biens, dans la nature,
Nous devons à ses rayons!
Hélas! sans sa flamme pure,
Nous marcherions à tâtons.
O bienfaisante lumière!
O du ciel, don précieux!
Des traits d'une épouse chère,
Frappe sans cesse nos yeux.

CHŒUR.

Brillant Soleil! brillant Soleil!
Ame éternelle du monde!
Brillant Soleil! brillant Soleil!
Tu n'eus jamais ton pareil.

LE GRAND PRÊTRE.

Reçois, aimable Marie,
Notre champêtre bouquet,
Présenté par la Folie,
Il sera bien, s'il te plaît:

Toi qui chéris la nature,
Nous déposons dans ta main [1]
Le Soleil en mignature,
Le flambeau du genre humain.

CHŒUR.

Brillant Soleil ! brillant Soleil !
Ame éternelle du monde !
Brillant Soleil ! brillant Soleil !
Tu n'eus jamais ton pareil.

[1] En lui présentant le Tournesol.

MA CONFESSION.

AIR : J'ai vu par-tout dans mes voyages.

Noté n° 81.

Je ne crois pas à toute chose,
Ce serait une absurdité ;
Je crois à la métempsycose,
Autant qu'à la fatalité :
Je crois que nous avons une âme,
Qui fait mouvoir tous nos ressorts ;
Fol Amour, je crois que ta flâme, } bis.
Nous met souvent le Diable au corps. }

Je crois que les vices des hommes,
Sur terre, ont causé bien des maux;
Je crois que tous tant que nous sommes,
Nous avons de très-grands défauts.
Amis, je crois qu'à l'espérance,
Nous devons nos plus doux momens;
Belles, je crois à la constance, } bis.
Mais encor plus aux inconstans. }

Je crois qu'une compagne aimable,
Est le plus doux présent des cieux;
Je crois qu'un ami véritable,
Est l'être le plus précieux;
Je crois à la foi conjugale,
Presqu'autant qu'à la liberté;
A la pierre philosophale, } bis.
Je crois comme à l'égalité. }

J'AI de la peine à croire au Diable,
Mais je crois fermement en Dieu ;
Je ne saurais croire à la fable :
Aux oracles, je crois fort peu ;
Je crois faiblement à l'histoire,
Oui, je le dis, et je fais bien ;
Car, si j'avais l'air de tout croire, } bis.
On croirait que je ne crois rien.

CHARADE. *

AIR : Vaudeville de l'Officier de fortune.

Noté n° 68.

RICHES cités, que l'on admire,
Petits humains, grands conquérans,
Et fourmillière, et vaste empire,
Petites buttes, ou volcans;
Grains de sable, qu'on nomme terre,
Au destin vous obéirez :
Oui, vous finirez par me faire; }
Oui, tôt ou tard, vous me ferez. } bis.

Mille fois, dans cette commune,
Hélas! que de chagrin j'ai fait!
A la suite de la fortune,
D'un grand malheur je suis l'effet :
Auteurs, directeurs, au théâtre,
Me redoutent comme le feu,
Et pour la jeunesse folâtre, } *bis.*
Mes amis, je ne suis qu'un jeu. }

Fille de la folle dépense,
De la splendeur, je tourne à rien;
Nul pauvre ne craint cette chance,
Il n'en a jamais le moyen :
Me voilà peinte toute entière;
En deux, si vous coupez mon nom;
Mon premier est toujours derrière, } *bis.*
Montmartre porte mon second [1]. }

[1] Le mot est à la fin de la table des chansons du présent volume.

TABLEAU

DE LONDRES.

AIR : Que le sultan Saladin.

Noté n° 70.

LONDRES, qu'on m'a tant vanté,
J'ai vu ta longue cité,
J'ai vu ta large Tamise,
De Saint-Paul ta haute église,
Tes ponts d'où l'on ne voit rien,
    Non rien, non rien,
Et tes trottoirs qui sont bien :
Mais Paris a plus d'élégance ;
    Vive la France ! *bis.*

Anglais, je suis peu jaloux
Des biens que l'on a chez vous ;
Que votre nation fière
Vante son charbon, sa bière ;
J'aime mieux, le bois, le vin,
Le vin, le vin,
Ce jus est vraiment divin !
Et l'Anglais dit quand il y pense,
Vive la France ! bis.

Le soleil, en ce pays,
Vaut-il la lune à Paris ?
Cette atmosphère de cendre
Qui ne cesse de descendre,
Sur le visage et par-tout,
Par-tout, par-tout,
Anglais, n'est pas de mon goût ;
Pour respirer avec aisance,
Vive la France ! bis.

Le bas-peuple est insolent.
Quel orgueil a le marchand!
Le charbon porte à la tête,
Et l'homme le plus honnête
Devient fou, triste ou rêveur,
Boudeur, grondeur,
Tout lui donne de l'humeur.
A Paris on rit et l'on pense:
Vive la France! bis.

On boit l'hiver et l'été
De l'eau chaude, avec du thé,
Toujours du beurre en tartine!
Le *roats-biff* est leur cuisine,
Et quelquefois un ragoût,
Sans goût, sans goût,
Dieu! quel ennui! quel dégoût!
Pour la chère et pour l'élégance,
Vive la France! bis.

Deux cents dimanches anglais,
N'en valent pas un français;
Ce jour, si joyeux en France,
Est leur jour de pénitence;
Et lorsqu'un Anglais se pend,
Se pend, se pend,
C'est un dimanche qu'il prend;
A Paris, le dimanche, on danse.
Vive la France! bis.

J'ai vu leurs froids opéras;
De leurs risibles castrats,
J'ai vu les tristes figures;
J'ai vu des caricatures,
Sans grace, sans jeu, sans goût,
Sans goût, sans goût,
Manquant d'oreille et de tout;
Pour les opéras, pour la danse,
Vive la France! bis.

Glorieux sur tous les points,
Des combats à coups de poings
L'Anglais vante la noblesse,
Se grise en parlant sagesse;
Il voit chez lui tout en bien,
C'est bien, fort bien :
Pour moi, je n'en pense rien.
Pour la gaîté, pour la vaillance,
Vive la France! bis.

Le climat est des plus beaux,
Pour les bœufs, pour les chevaux;
C'est à l'humide nature,
Qu'on doit la saine pâture,
Qui les fait aller prestò;
Prestò, prestò.
Tant mieux, l'on en sort plutôt :
Pour jouir, sans un bien immense,
Vive la France! bis.

MES
DEUX CINQUANTAINES,
A MON AMI DESPREZ,

CHANSON faite le jour de mon anniversaire.

AIR : de la Soirée orageuse.

Noté n° 32.

OUI, j'ai vu cinquante printemps,
Cinquante étés, cinquante automnes ;
Cinquante fois, j'ai vu le temps
Qui prend naissance aux froides zônes :
Oui, malgré tous les accidens
Qui barrent le cours de la vie,
J'existe depuis cinquante ans,
Avec l'amour ou la folie.

Je suis juste à moitié chemin
De la plus longue course humaine ;
Ami, je compte bien, demain,
Commencer l'autre cinquantaine :
D'aller au bout je suis certain ;
Ce monde est une loterie ;
J'eus toujours un heureux destin,
J'aurai le quine de la vie.

Puissent mes derniers cinquante ans,
De mes premiers, être l'image !
Lors un siècle d'heureux instans
Aura formé ce long passage :
Non, sans pleurs, sans maux, sans douleur,
Non, sans quelques jours un peu sombres ;
J'en ai mieux senti le bonheur !
Il n'est point de tableau sans ombres.

Je n'aurai plus, du jeune temps,
L'imprévoyante insouciance,
Ces desirs de quelques instans
Qu'éteint bientôt la jouissance :
Mais j'aurai, dans l'autre moitié,
Du siècle que je prétends vivre,
Constance, amour, tendre amitié ·
Et déjà cet espoir m'enivre.

Mon cher Desprez, je te retiens
Pour mon compagnon de voyage;
Par tes aimables entretiens,
Tu charmeras toujours, je gage.
Des plaisirs de notre printemps,
Qui seront de vieilles fredaines,
Les souvenirs, dans nos vieux ans,
Nous feront oublier nos peines.

L'AMOUR
MARCHAND DE CŒURS.

AIR : C'est ce qui me console.
Noté n° 19.

CŒUR chaud, cœur froid, cœur vif, cœur lent,
Étrennez le petit marchand ;
Il peut vous satisfaire : *bis.*
Il en a de toutes façons :
Des noirs, des méchans et des bons;
Il aura votre affaire. *bis.*

J'EN vends où l'on va droit au but ;
J'en donne qui sont de rebut ;
Il en est que je prête : *bis.*
J'en ai des neufs, j'en ai des vieux :
Je troque les capricieux :
Venez en faire emplette. *bis.*

Des cœurs volans,
Des cœurs constans;
Cœurs amoureux,
Cœurs langoureux :
Cœurs tendres, cœurs barbares : bis.
En voulez-vous des scrupuleux?
Il ne m'en reste plus que deux :
Ces derniers-là sont rares. bis.

PRENEZ DES CARTES. *

AIR : Ce fut par la faute du sort.

Noté n° 38.

L'AME dont mon corps est l'étui,
Sait braver toutes les souffrances ;
Mais succombe-t-elle à l'ennui ;
Alors, je lui parle sciences :
Quand la lumière de NEWTON,
Ou les tourbillons de DESCARTE,
Embrouillent, par trop, ma raison,
Je la promène sur la carte.

L'HISTOIRE ou la fable à la main,
Cherchant quelque point remarquable;
Pour reconnaître mon chemin,
Je mets l'univers sur ma table:
Tranquillement, dans mon fauteuil,
Je vais en Chine, à Rome, à Sparte;
D'un pôle à l'autre, en un clin d'œil,
Je passe, sans montrer ma carte.

COURANT de la sorte, un matin,
Je fus surpris par ma Glycère;
Je lui dis : « Voilà le chemin
» Qui mène à l'île de Cythère ».
En lui montrant chaque détour,
Loin de mon sujet, je m'écarte :
Avec la mère de l'Amour,
L'esprit, aisément, perd la carte.

La belle était dans son printemps,
Et j'étais loin de mon automne ;
Vous savez tous que, dans ce temps,
On est folâtre, on déraisonne :
Nous mêlions, aux chants amoureux,
Des accords, des tierces, des quartes ;
Et, dans un avenir heureux,
Nous bâtissions châteaux de cartes.

Le temps m'ôta l'illusion,
Et me fit voir toute autre chose ;
Ma folle imagination
Ne me montre plus rien en rose.
Je sens approcher la raison ;
O folie ! il faut que tu partes.
Amis, j'ai fini ma chanson,
Est-elle mal ? *prenez des Cartes*.

AH!

C'EST TROP FORT, *

Histoire véritable et remarquable de la vertueuse Lucrèce.

AIR : Du haut en bas.

Noté n° 50.

Ah ! c'est trop fort!
Disait au fier Tarquin, Lucrèce,
Ah ! c'est trop fort !
D'où vient cet amoureux transport?
D'une main il me tient, me presse,
Et l'autre... quelle hardiesse !
Ah ! c'est trop fort !

Ah ! c'est trop fort !
Disait toujours dame Lucrèce,
Ah ! c'est trop fort !
Elle égratigne, crie et mord :
Mais sans écouter la princesse,
Très-vivement Tarquin caresse :
Ah ! c'est trop fort !

Ah ! c'est trop fort !
Dit-elle, en tombant en faiblesse ;
Ah ! c'est trop fort !
Je fais un inutile effort :
O providence vengeresse !
A le punir quelle paresse !
Ah ! c'est trop fort !

Ah! c'est trop fort!
S'écria-t-elle avec ivresse;
Ah! c'est trop fort!
Où donc est-il? il fuit, il sort!
Il va se vanter que Lucrèce
Vient de céder à sa tendresse!
Ah! c'est trop fort!

Ah! c'est trop fort!
Tarquin, quelle scélératesse!
Ah! c'est trop fort!
Donnons-nous bien vîte la mort:
L'honneur le veut et le temps presse,
J'en ai regret et le confesse.
Ah! c'est trop fort!

Les voisins, parens et domestiques, attirés par les cris de Lucrèce, arrivent, mais un peu tard.

Ah! c'est trop fort!
Dit en sanglotant la princesse;
Ah! c'est trop fort!
Et quoique je n'aie aucun tort,
Pour mieux vous prouver ma sagesse,
D'outre en outre, perçons Lucrèce.

Elle se tue.

CHŒUR DE PARENS.

Ah! c'est trop fort!

LA

PARTIE DE DAMES,*

DIALOGUE.

AIR : C'est une merveille.

Noté n° 86.

« A dam' Babet, disait Cadet,
» Que le jeu de *Dames* me plaît » !
Voyant le damier prêt, Babet
Fit cette répartie :
« S'il te plaît,
» Cher Cadet,
» Vîte une partie ».

BABET.

Jouons une discrétion.

CADET.

Non, voici ma condition :
Cadet embrassera Babet,
S'il est premier à *Dame*,
Si c'est Babet, Cadet
Baisera la *Dame*.

AIR : du pas redoublé.

Noté n° 18.

CADET.

A toi,
A moi ;
A toi,
A moi ;
Prends garde à toi, j'avance ;

BABET.

A moi,
A toi;
A moi,
A toi;
Je suis sur la défense.

CADET.

Serrons les rangs;
Je prends, tu prends,
Ah! la bonne fortune!
Deux à-la-fois,

BABET.

Moi, j'en prends trois.

CADET.

Et moi, j'en reprends une.

BABET.

Conserve ton air enjoué,
Et fais bonne tenue;

CADET.

Pion touché, pion joué:

BABET.

C'est chose convenue;
Pousse, Cadet.

CADET.

Pousse, Babet:
Dieux! quelle faute!

BABET.

Ah! *Dame!*
A ce jeu-ci,
Mon bon ami,
On peut souffler la *Dame*.

CADET.

Oui, mais souffler, n'est pas jouer,
Dit un ancien proverbe.

BABET.

Cher Cadet, il faut l'avouer,
Ton jeu n'est pas superbe.

CADET.

Laisse le mien,
Et pense au tien,
Et si tu le peux, pare,
En attaquant,
En te serrant,
Le coup que je prépare.

BABET.

Tu fais le fin,
J'attends la fin.

CADET.

Moi, par ici, je passe;
Prends donc, Babet.

BABET.

Souffle, Cadet;
Je ne veux pas de grace.

CADET.

Ma Babet, prends ce pion là,
Avec ta main d'ivoire :
La position que voilà
M'assure la victoire.

CADET.

Défends ton coin.

BABET.

J'en aurai soin.

CADET.

Je suis sûr de te battre.

BABET.

Je ne crains rien.

CADET.

Je voudrais bien
Te faire un coup de quatre.

BABET.

J'aime beaucoup
Voir un beau coup.

CADET.

Gare à toi ! je t'entame.

BABET.

Je n'ai pas peur.

CADET.

Je suis vainqueur,
Un, deux, trois, quatre, à *dame*.

AIR : C'est une merveille.

CADET.

J'ai gagné ; baise-moi, Babet.

BABET.

J'ai perdu ; baise-moi, Cadet.

CADET.

Ah ! que ce jeu me plaît ! — Babet
Fit même répartie :
« S'il te plaît,
» Cher Cadet,
» Refais la partie ».

LES MARIS,

CHANSON DE GARÇONS.

AIR : Oui, noir, mais pas si diable.
Noté n° 87.

Non, point de mariage,
Je ne suis pas si fou;
Le lien du ménage
Toujours fut un licou,
Toujours, toujours fut un licou :
D'abord on s'aime bien,
Puis on ne sent plus rien;
On parle un faux langage,
Bientôt on est volage :
Non, point de mariage,
Car les pauvres époux
Sont tous... oui tous...
Ce que sont, ce que sont les jaloux. bis.

VOULOIR femme constante,
Est fort mal entendu ;
Ce qui le plus nous tente,
C'est le fruit défendu,
C'est le, c'est le fruit défendu :
Il devient fade, quand
Il n'a plus ce piquant ;
L'hymen veut qu'on soit sage,
Et l'amour est volage ;
Non, point de mariage,
Car les pauvres époux
Sont tous... oui tous...
Ce que sont, ce que sont les jaloux. *bis.*

LA femme, avec adresse,
Trompe à chaque moment ;
Sa main ne vous caresse,
Que pour cacher l'amant,
Que pour, que pour cacher l'amant :

Et l'ami du mari
Devient le sien aussi ;
Aux devoirs du ménage,
Elle a double avantage ;
Non, point de mariage,
Car les pauvres époux
Sont tous... oui tous... &c.

JEUNE femme est frivole
Et trompe en peu de temps ;
Vieille, c'est une folle,
Grondant époux et gens,
Grondant, grondant époux et gens ;
Croyant qu'en sa maison,
Elle seule a raison ;
Regrettant son jeune âge,
Desirant le veuvage ;
Non, point de mariage,
Car les pauvres époux
Sont tous... oui tous... &c.

La femme est-elle sage,
C'est bien un autre train ;
Elle vous fait tapage,
Du soir, jusqu'au matin,
Du soir, du soir jusqu'au matin;
Fière de sa vertu,
Elle a l'esprit têtu,
Elle fait étalage
De sa rigueur sauvage ;
Non, point de mariage,
Car les pauvres époux
Sont tous... oui tous...
Ce que sont, ce que sont les jaloux. bis.

Joyeux célibataires,
Suivez bien mes leçons ;
Craignez d'être confrères,
Des ci-devant garçons,
Des ci, des ci-devant garçons :

Sachez que la gaîté
Naît de la liberté ;
Un peu de braconnage,
Mais jamais d'esclavage ;
Non , point de mariage ,
Car les pauvres époux
Sont tous... oui tous...
Ce que sont , ce que sont les jaloux. bis.

LE BON MÉNAGE,

BOUQUET.

AIR : de la Croisée.

Noté n° 16.

Ovide a chanté l'*Art d'aimer*,
Moi, je vais chanter l'art de plaire;
Il me suffira d'exprimer
Les charmes de ton caractère,
Et tes graces et ta gaîté,
Qui font le bonheur de ma vie;
Oui, c'est la pure vérité,
J'adore mon amie. *bis.*

Ah! mon dieu! combien j'étais fou!
Je redoutais le mariage;
Et j'avais lu, je ne sais où,
« Le bonheur n'est pas en ménage ».
Erreur! ta bonté, ta raison
M'ont enfin prouvé le contraire,
Et je vois dans l'heureux garçon,
L'heureux imaginaire. bis.

Magdelaine aime ma gaîté,
Et moi, sa tournure m'enchante;
Elle fait ma félicité,
Elle est, en vérité, charmante!
Elle prouve, depuis vingt ans,
Par sa grace qui m'est si chère,
Qu'on a l'art d'arrêter le temps,
Quand on a l'art de plaire. bis.

Je suis toujours du même avis
Que ma bonne et tendre compagne;
Et comme elle aime ce pays,
Doublement j'aime la campagne:
Pour moi combien elle a de prix!
Peut-on y jouir davantage?
J'y vois, avec mes bons amis,
Les graces au village. Bis.

IL FAUT DE LA MESURE EN TOUT,

A MON AMI A *PLUS* B,

qui avait la manie des calculs, et qui négligeait affaires, amis, maîtresse, pour observer les astres.

AIR : Que ne suis-je la fougère ?

Noté n° 43.

DES avares, la folie,
C'est d'augmenter leur avoir ;
Des beaux esprits, la manie,
C'est de vouloir tout savoir :
Tu t'épuises, tu te brûles
Pour surpasser CASSINI :
Et tous les jours, tu calcules,
Pour mesurer l'infini.

Douze lignes font un pouce;
Douze pouces font un pié ;
Plante qui de trois piés pousse
D'une toise à la moitié :
Toise a, dans la lieue entière ,
Deux mille fois [1] sa longueur;
Et neuf mille fois la terre
Compte une lieue , en rondeur.

Quand la nuit étend son voile,
Ton esprit ambitieux,
Volant d'étoile en étoile ,
Va se perdre dans les cieux :
Laisse tes longues lunettes ,
Et ta plume, et tes zéros,
Et ta tour et tes planettes;
Viens souper chez Despréaux.

---

[1] J'ai pris les lieues de poste comme plus commodes à la mesure de ce petit vers , et j'ai fait *lieue* d'une seule syllabe pour aller plus vite.

L'HOMME est un point sur la terre,
Il n'existe qu'un moment;
Crois-moi, rentre dans ta sphère,
Laisse-là ton firmament:
Du temps qui si vîte passe,
Fais un plus aimable emploi,
En ne laissant nul espace,
Entre ta Corine et toi.

LA
FIN DU MONDE,
CHANSON BACHIQUE.

AIR : Tout le long, le long de la rivière ?

Noté n° 2.

TANT que le soleil brillera,
Notre planète tournera ;
On y verra mûrir des pommes,
On y verra croître des hommes,
Peu de bons, beaucoup de méchans,
Qui suivront toujours leurs penchans.
Pour s'étourdir sur les maux de ce monde,
Mes amis, buvons, buvons tous à la ronde,
Croyez-moi, buvons tous à la ronde.

Beaucoup verront peu de printemps,
Bien peu vivront beaucoup de temps;
Moitié périra par la guerre,
(C'est ce que nous vîmes naguère,)
D'autres, par l'abus des plaisirs,
D'autres, n'auront que des desirs.
Pour oublier tous les maux de ce monde,
Mes amis, buvons, buvons tous à la ronde,
Mes amis, buvons tous à la ronde.

Le fou bravera les hasards,
Et le sage aimera les arts;
Le vrai bonheur sur cette terre,
Dépend de notre caractère;
On prêchera toujours en vain,
Contre l'amour, le jeu, le vin.
Un peu de bien se trouve dans ce monde;
Mes amis, buvons, buvons tous à la ronde,
Mes amis, buvons tous à la ronde.

La vie est un bien doux présent,
Quand on sait jouir du présent;
Mais souvent mal on le dépense,
Au fatal avenir on pense,
Et l'on regrette le passé,
Jusqu'à ce qu'on soit *in pace.*
Ne perdons pas un instant dans ce monde,
Mes amis, buvons, buvons tous à la ronde,
Mes amis, buvons tous à la ronde.

Ce soleil, un jour, s'éteindra,
Bon soir comédie, opéra,
Bon soir amour, fortune et gloire,
Fable amusante et longue histoire,
Bon soir pauvres petits humains,
Vous n'aurez plus de lendemains.
En attendant que s'éteigne le monde,
Mes amis, buvons, buvons tous à la ronde,
Mes amis, buvons tous à la ronde.

DIEU rallumera de nouveau
Peut-être un semblable flambeau ;
Mais pourquoi prendre cette peine,
Si la nouvelle engeance humaine
Ne vaut pas mieux que celle-ci ?
Je dirai, bon Dieu ! grand merci.
Que Dieu défasse ou refasse le monde,
Mes amis, buvons, buvons tous à la ronde,
Mes amis, buvons tous à la ronde.

L'ART
DE LA DANSE,

POËME EN QUATRE CHANTS,

Calqué sur L'ART POÉTIQUE
de BOILEAU DESPRÉAUX.

Par JEAN-ÉTIENNE DESPRÉAUX.

Le bal est une poésie muette, et la poésie un bal parlant.

.... Tout vieil que je suis, encore sçay-je de pied léger saulter [1] et baller [2].

PLUTARQUE dans ses Propos de table, livre 9, question 15, *traitant de ce qu'il y a de commun entre l'art de la poésie et l'art de baller.* — Traduction d'AMYOT.

[1] Les anciens faisaient une différence entre saulter et danser.

[2] BALLER, *danser.* Il se dit de cérémonies ecclésiastiques; de certaines salutations au chœur par le grand-chantre, qui ressemblent à une danse grave et antique. *Le grand-chantre ballera au premier pseaume.* DICTIONN. DE L'ACAD. FRANÇ.

AVERTISSEMENT

SUR

L'ART DE LA DANSE,

et de ses rapprochemens avec la Poésie.

En lisant l'*Art Poétique de* BOILEAU, je fus frappé de l'analogie des règles de la Poésie avec celles de la Danse. Je sentis la justesse de cette observation de M. l'abbé LE BATTEUX [1], *que les arts, tous enfans de la nature, unis par une liaison intime et par une espèce de fraternité* (suivant l'expression de CICÉRON), se proposent le même but et se règlent par les mêmes principes.

Entraîné par le charme de cette idée,

[1] Les Beaux-Arts réduits à un même principe, *Avant-propos*, pag. x.

je m'amusai, non à parodier [1] l'*Art Poétique*, mais à calquer sur ce Poëme les préceptes de la Danse. Je trouvai plaisant de transformer, sans trivialités, le Maitre du Parnasse en un Maître à danser.

Aveuglé par mon enthousiasme, je n'apperçus pas d'abord un écueil très-dangereux. Tant que je pus conserver des vers entiers de mon modèle, ou que je n'eus qu'à remplacer les termes techniques de son art par ceux du mien, je travaillai, on peut le croire, avec une merveilleuse facilité; bientôt les épines se montrèrent. Quelques rapports que les deux arts aient ensemble, il existe cependant [2] *des différences particulières, des nuances qui les séparent et les distinguent entre eux.* Il fallut faire des vers de liaison, pour coudre ensemble ceux que je dérobais à BOILEAU, et pour donner des leçons

[1] C'est-à-dire travestir burlesquement.

[2] *Voyez* l'ouvrage cité ci-dessus, même page.

qui me manquaient dans son Poëme. Ce fut alors que je reconnus mon insuffisance; mais l'originalité de mon entreprise m'empêcha d'y renoncer, et j'espérai que les beautés de l'*Art Poétique* feraient oublier la faiblesse de mon ouvrage.

J'ai cru nécessaire d'écrire cet avis, afin que le lecteur fût bien persuadé que je n'ai point eu la prétention de faire des vers comme Boileau (ce qui me serait impossible), et qu'il me pardonnât d'avoir osé me servir des parties de ce Poëme, pour en composer un que je ne crois pas tout-à-fait inutile.

DIVISIONS DE L'ART DE LA DANSE.

Ce petit Poëme est divisé en *quatre Chants*, ainsi que l'*Art Poétique*.

Le premier Chant contient les qualités nécessaires à un jeune homme qui veut parcourir avec succès cette carrière, et les règles générales pour former un premier sujet dans ce genre ; il finit par une courte digression sur l'histoire de la Danse, depuis Beauchamps, Maître des Ballets de Louis XIV, jusqu'au temps des Vestris, Gardel et Dauberval.

Le second Chant présente les caractères et les règles des Danses françaises et étrangères. L'auteur cite pour exemple quelques graves personnages de l'antiquité, et plusieurs princes français dont cet art faisait les délassemens ; ensuite il se transporte dans un bal, pour y critiquer le maintien et les défauts des danseurs.

Le troisième Chant traite de la Danse théâtrale et des trois genres principaux de Danse indiqués par la nature, d'après les différentes tailles des danseurs, grande, moyenne et petite, que l'on nomme, *genre noble*, *demi-caractère* et *genre comique*.

Le quatrième Chant a pour objet l'art du Pantomime, les Ballets d'actions et les connaissances qu'un Maître de Ballets doit réunir.

Cet ouvrage étant fait depuis plusieurs années, les noms des jeunes artistes qui excitent en ce moment, à l'Opéra, l'enthousiasme du public, ne peuvent s'y trouver.

La saison de la Danse est celle de la jeunesse ; et comme chaque printemps fait éclore de nouvelles fleurs, ainsi, tous les ans, de nouveaux danseurs et de nouvelles danseuses débutent sur le théâtre de l'Opéra, vont dans les pays étrangers, et sont remplacés par d'autres.

La liste de ceux qui ont paru depuis quinze ans aurait été plus longue que mon Poëme. Tandis que je le composais, la personne que j'allais citer, partait.

Je me suis donc décidé à ne parler que des genres, qui se réduisent à trois, et comme il fallait des exemples, j'ai choisi une ou deux personnes qui ont excellé dans chacun.

On sent qu'il ne m'a pas été possible de nommer tous les talens que nous avons vu briller sur la scène, et ceux que nous possédons en ce moment ; cela aurait entraîné quelque éloge pour chacun ; c'est au public à les juger.

N. B. L'auteur de cette faible imitation de *l'Art Poétique*, ne s'est point asservi à suivre, dans chaque chant, la marche de son modèle ; au contraire, il a souvent transporté des vers d'un chant dans un autre, selon qu'ils convenaient à son sujet.

JEAN-ÉTIENNE DESPRÉAUX,

A L'OMBRE

DE BOILEAU DESPRÉAUX.

Contemporain de mes aïeux,
Auteur d'un œuvre merveilleux,
Quoiqu'un siècle entier nous sépare,
Permets, qu'en jouant, je m'empare
De tes vers et de ton esprit,
Et qu'en mutilant ton écrit,
J'enseigne les loix de la grace,
« Qui par-tout nous ravit et jamais ne nous lasse [1]: »
En m'attachant à toi, peut-être on me lira,
Peut-être, dans mon art, le bon goût renaîtra.
Pour prouver aux esprits vulgaires,

[1] Imitation du vers 300 de Boileau, *Art poétique*, Chant 3.

« Que les muses sont sœurs, que les beaux-arts sont frères [1], »
Ce qu'ARISTOTE a dit, ce qu'HORACE a chanté,
Ce que ta Muse a fait, par moi fut imité [2].
Entre nous, que de différence !
Mais aussi que de ressemblance !
Tous deux, nous redressons les torts,
Toi, de l'esprit, et moi, du corps ;
Tous deux, Paris nous a vu naître,
Et dans son art, chacun de nous est maître ;
Tous deux, nous tenons d'Apollon
Et la lyre et le violon ;
Tous deux, nous réglons la cadence,
Toi, pour les vers, moi, pour la danse.
Pour tes talens, moi, pour les miens,
Versailles nous combla de biens [3].

[1] Voltaire.

[2] *Voyez* les Poétiques d'Aristote, d'Horace et de Boileau.

[3] Boileau obtint diverses pensions de Louis XIV.

Je fus long-temps attaché aux ballets de la Cour ; j'y composais des fêtes et des petites pièces : elle m'en a récompensé par des bienfaits et pensions.

Et comme toi, je fus, non pas pour le génie,
D'une royale Académie [1].
Il est encore un plus singulier trait
Qui va terminer ce portrait.
Sévère et docte satyrique,
Moi, petit chansonnier comique,
Tous deux, nous avons même nom,
Et non pas le même renom;
Mais je possède un avantage
Pour lequel ton ombre, je gage,
Céderait tes fameux écrits;
Tu fus, je suis.

1 Académie royale de Musique.

N. B. *pour les rapprochemens de l'Art de la Danse et de celui de la Poésie.*

Vu les transpositions des vers de l'*Art poétique* que cet ouvrage a forcé de faire, on a imprimé en regard ceux qui sont conservés, imités ou parodiés, et l'on a indiqué à la marge les Chants d'où ils sont pris, et leurs numéros.

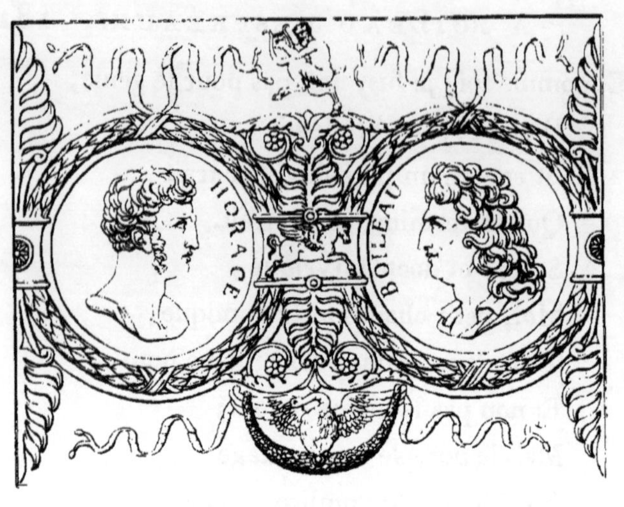

Mazois Archit.ᵗ De la Cour Sc.

L'ART POÉTIQUE.

CHANT PREMIER.

Chant I, Vers

1 C'EST en vain qu'au Parnasse un téméraire auteur
2 Pense de l'art des vers atteindre la hauteur :
3 S'il ne sent point du ciel l'influence secrète,
4 Si son astre en naissant ne l'a formé poète,
5 Dans son génie étroit il est toujours captif ;
6 Pour lui Phébus est sourd, et Pégase est rétif.

J. M. Moreau le J.ne Del — J. B. Simonet Sc.

L'ART DE LA DANSE.

CHANT PREMIER.

C'est en vain qu'au théâtre un novice danseur
Des charmes de son art croit être possesseur :
S'il n'a reçu du ciel grace, adresse, élégance [1],
Si son astre en naissant ne l'a fait pour la Danse,
Dans sa lourde structure il est toujours captif;
Ses bras sont maladroits, et son jarret rétif.

Chant I, vers

7 O vous donc qui, brûlant d'une ardeur périlleuse,
8 Courez du bel esprit la carrière épineuse,
9 N'allez pas sur des vers sans fruit vous consumer,
10 Ni prendre pour génie une ardeur de rimer :
11 Craignez d'un vain plaisir les trompeuses amorces,
12 Et consultez long-temps votre esprit et vos forces.

13 La nature, fertile en esprits excellens,
14 Sait entre les auteurs partager les talens :
15 L'un peut tracer en vers une amoureuse flamme ;
16 L'autre, d'un trait plaisant aiguiser l'épigramme :
17 Malherbe d'un héros peut vanter les exploits ;
18 Racan, chanter Philis, les bergers et les bois.
19 Mais souvent un esprit qui se flatte et qui s'aime
20 Méconnaît son génie et s'ignore soi-même :
21 Ainsi tel, autrefois qu'on vit avec Faret.... &c.

27 Quelque sujet qu'on traite, ou plaisant, ou sublime,
28 Que toujours le bon sens s'accorde avec la rime :
29 L'un l'autre vainement ils semblent se haïr ;
30 La rime est une esclave, et ne doit qu'obéir.

O VOUS donc qui, brûlant d'une ardeur périlleuse,
Courez de nos VESTRIS la carrière épineuse,
N'allez pas par des sauts sans fruit vous énerver;
Sachez que le talent n'est pas de s'enlever [2]:
Craignez d'un vain plaisir les trompeuses amorces,
Et consultez long-temps votre oreille et vos forces.

LA NATURE, fertile en danseurs excellens,
Selon leurs facultés, partage les talens [3]:
L'un, dans un pas de deux, peut exprimer sa flâme [4]:
L'autre, d'un pas plus vif sait égayer notre âme [5].
GARDEL peut d'un héros nous peindre les combats [6];
Et DESHAYS, d'un zéphir les amoureux ébats [7].
Mais souvent un danseur qui se flatte et qui s'aime
Méconnaît son talent et s'ignore soi-même.
Ainsi tels, autrefois, et même de nos jours,
En Hercules taillés, ont dansé les Amours.

QUEL que soit le sujet exprimé par la Danse,
Que toujours votre pas s'unisse à la cadence [8]:
Vainement un danseur prétendrait l'asservir;
La cadence est maîtresse, il lui faut obéir.

Chant I, vers

31 Lorsqu'à la bien chercher d'abord on s'évertue,
32 L'esprit à la trouver aisément s'habitue ;
33 Au joug de la raison sans peine elle fléchit,
34 Et, loin de la gêner, la sert et l'enrichit. &c....

39 La plupart, emportés d'une fougue insensée,
40 Toujours loin du droit sens vont chercher leur pensée:
41 Ils croiraient s'abaisser, dans leurs vers monstrueux,
42 S'ils pensaient ce qu'un autre a pu penser comme eux.
43 Evitons ces excès : laissons à l'Italie
44 De tous ces faux brillans l'éclatante folie. &c....

49 Un auteur quelquefois trop plein de son objet,
50 Jamais sans l'épuiser n'abandonne un sujet.
51 S'il rencontre un palais, il m'en dépeint la face ;
52 Il me promène après de terrasse en terrasse :
53 Ici s'offre un perron ; là règne un corridor ;
54 Là ce balcon s'enferme en un balustre d'or.
55 Il compte des plafonds les ronds et les ovales ;
56 Ce ne sont que festons, ce ne sont qu'astragales.
57 Je saute vingt feuillets pour en trouver la fin ;
58 Et je me sauve à peine au travers du jardin.

Lorsqu'à la bien chercher d'abord on s'évertue,
L'oreille à la saisir aisément s'habitue;
Au joug de la musique alors le pas fléchit,
Et, loin de le gêner, cet accord l'enrichit.

LA PLUPART, emportés d'une fougue insensée,
Livrés aux vains écarts d'une Danse forcée,
Croiraient se dégrader, dans leurs pas monstrueux,
S'ils dansaient ce qu'un autre a pu danser comme eux.
Évitons ces excès : laissons à l'Italie [9]
De ces sauts étonnans la bizarre folie.

UN DANSEUR quelquefois se borne à quelques pas;
On a changé les airs, lui seul ne change pas.
Sans grace, sans maintien, il se présente en face;
Il marche, il se promène, il court de place en place:
Là fait une attitude, ici des battemens [10];
Il répète toujours les mêmes mouvemens.
Ses jambes, en dansant, ne sont jamais égales;
La même fait toujours les ronds ou les ovales [11];
Il fait vingt entrechats pour atteindre à la fin;
Excédé de fatigue, il disparaît enfin [12].

Chant I, vers

59 Fuyez de ces auteurs l'abondance stérile ;
60 Et ne vous chargez point d'un détail inutile.
61 Tout ce qu'on dit de trop est fade et rebutant ;
62 L'esprit rassasié le rejette à l'instant. &c....

65 Un vers était trop faible ; et vous le rendez dur :
66 J'évite d'être long , et je deviens obscur :
67 L'un n'est point trop fardé , mais sa Muse est trop nue :
68 L'autre a peur de ramper ; il se perd dans la nue.

69 Voulez-vous du public mériter les amours ?
70 Sans cesse en écrivant variez vos discours.
71 Un style trop égal et toujours uniforme
72 En vain brille à nos yeux , il faut qu'il nous endorme. &c.

75 Heureux qui, dans ses vers , sait d'une voix légère
76 Passer du grave au doux , du plaisant au sévère !
77 Son livre , aimé du ciel , et chéri des lecteurs ,
78 Est souvent chez Barbin entouré d'acheteurs.

Fuyez de ces danseurs l'invention stérile;
Variez, mais craignez tout détail inutile.
Tout ce qu'on fait de trop est fade et rebutant,
Et l'œil rassasié se détourne à l'instant.
Sur les phrases de l'air phrasez aussi la Danse;
Les momens de repos indiquent la cadence.
Ce pas était trop faible; et vous le rendez dur:
Je veux être brillant; et je deviens obscur:
L'un craignant de sauter, a trop de retenue:
L'autre a peur de ramper; il se perd dans la nue.

Voulez-vous du public mériter les amours?
Sachez de votre corps varier les contours.
Un genre trop égal et toujours uniforme
En vain brille à nos yeux; il faut qu'il nous endorme.
Un danseur m'ennuîra, fût-il plein d'agrément,
S'il replace par-tout le même enchaînement [13].

Heureux qui, dans ses pas, d'une danse légère
Passe du grave au doux, du plaisant au sévère!
Acteur toujours nouveau, chéri des spectateurs,
Il trouve en chacun d'eux autant d'admirateurs.

Chant I, vers

79 Quoi que vous écriviez, évitez la bassesse :
80 Le style le moins noble a pourtant sa noblesse.
81 Au mépris du bon sens, le burlesque effronté
82 Trompa les yeux d'abord, plut par sa nouveauté :
83 On ne vit plus en vers que pointes triviales ;
84 Le Parnasse parla le langage des halles :
85 La licence à rimer alors n'eut plus de frein ;
86 Apollon travesti devint un Tabarin.
87 Cette contagion infecta les provinces,
88 Du clerc et du bourgeois passa jusques aux princes :
89 Le plus mauvais plaisant eut ses approbateurs ;
90 Et, jusqu'à D'Assouci, tout trouva des lecteurs.
91 Mais de ce style enfin la Cour désabusée
92 Dédaigna de ces vers l'extravagance aisée,
93 Distingua le naïf du plat et du bouffon,
94 Et laissa la province admirer le Typhon.
95 Que ce style jamais ne souille votre ouvrage.
96 Imitons de Marot l'élégant badinage,
97 Et laissons le burlesque aux plaisans du Pont-Neuf. &c.

Quel que soit votre rôle, évitez la bassesse ;
Le genre le moins noble a pourtant sa noblesse.
Au mépris de la grace, un grotesque effronté
Trompa les yeux d'abord, plut par sa nouveauté :
Bientôt, on ne vit plus que danses triviales ;
Terpsicore imita les postures des halles :
Des danseurs étrangers, de grossiers baladins,
Vinrent à l'Opéra danser les paladins [14].
Cette contagion infecta les provinces,
Elle alla de la foire aux spectacles des princes :
Le grimacier Slins'byk trouva des amateurs [15] ;
Et L.... en Lapon eut ses approbateurs [16].
Mais de ce genre enfin la cour désabusée
Dédaigna de ces pas l'extravagance aisée,
Distingua du bouffon l'agréable danseur,
Et laissa la province admirer le sauteur.
Que ce genre jamais ne souille votre Danse.
Imitez de Vestris la badine élégance [17],
Le burlesque honteux, vrai plaisir de valet,
Ne convient qu'aux tréteaux qu'illustra Nicolet.

Mais n'allez pas aussi, par des pas terre à terre,
Noblement ennuyeux, fatiguer le parterre.

Chant I,
vers

101 Prenez mieux votre ton. Soyez simple avec art,
102 Sublime sans orgueil, agréable sans fard.

103 N'OFFREZ rien au lecteur que ce qui peut lui plaire.
104 Ayez pour la cadence une oreille sévère :
105 Que toujours dans vos vers le sens coupant les mots
106 Suspende l'hémistiche, en marque le repos.

107 GARDEZ qu'une voyelle à courir trop hâtée
108 Ne soit d'une voyelle en son chemin heurtée.

109 IL est un heureux choix de mots harmonieux.
110 Fuyez des mauvais sons le concours odieux :
111 Le vers le mieux rempli, la plus noble pensée,
112 Ne peut plaire à l'esprit quand l'oreille est blessée.

Prenez mieux votre ton. Soyez simple avec art,
Plaisant sans être ignoble, agréable sans fard.

N'OFFREZ rien au public que ce qui peut lui plaire.
Jusque dans votre marche, il faut être sévère :
Que votre corps, cédant à tous vos pas égaux,
Trouve, sur chaque pied, un instant de repos.

GARDEZ-VOUS qu'une jambe à courir trop hâtée
Ne soit de l'autre jambe en son chemin heurtée :

IL est un heureux choix de contours gracieux.
Que la note et le pied soient bien d'accord entre eux :
Le pas le plus brillant, la plus aimable danse,
Ne peuvent plaire aux yeux, s'ils blessent la cadence.

SACHEZ que Terpsicore exige qu'un danseur
Soit moelleux sans mollesse, et ferme sans roideur [18].
En offrant à mes yeux le plus parfait ensemble,
Cachez-moi le travail; que rien ne se ressemble.
Que jamais votre corps ne perde son aplomb [19]:
En sautant, imitez le ressort du ballon [20].
Dans cet art enchanteur que le public adore,
C'est par-là que plaisait l'aimable THÉODORE [21].

Chant I, vers

113 DURANT les premiers ans du Parnasse françois,
114 Le caprice tout seul faisait toutes les loix.
115 La rime, au bout des mots assemblés sans mesure,
116 Tenait lieu d'ornemens, de nombre et de césure.
117 Villon sut le premier, dans ces siècles grossiers,
118 Débrouiller l'art confus de nos vieux romanciers.
119 Marot bientôt après &c....

Chant II, vers

168 DE ces maîtres savans disciple ingénieux,
169 Regnier, seul parmi nous formé sur leurs modèles,
170 Dans son vieux style encore a des graces nouvelles. &c.

Chant I, vers

122 Et montra pour rimer des chemins tout nouveaux.
123 Ronsard, qui le suivit, par une autre méthode,
124 Réglant tout, brouilla tout, fit un art à sa mode,
125 Et toutefois long-temps eut un heureux destin.
126 Mais sa Muse, en français, parlant grec et latin,

AVANT les premiers ans de l'Opéra françois [22],
Le caprice tout seul faisait toutes les loix.
Quelques pas terre à terre, à-peu-près en mesure,
Tenaient lieu d'ornement, sans grace et sans figure.
BEAUCHAMPS [23] sut le premier en divisant les temps [24],
Débrouiller l'art confus, mesurer les instans,
Et son crayon utile à l'art Chorégraphique,
Nous montra tous les pas tracés sous la musique.
PÉCOUR [25], long-temps aimable et cher à la beauté,
Plut par son élégance et sa légèreté.
BLONDI [26] le surpassa. Tout en suivant ses traces,
Le grand DUPRÉ bientôt, déploya plus de graces [27],
Et long-temps des Français il enchanta les yeux.

DE ces maîtres savans disciple ingénieux,
Le beau VESTRIS, trente ans formé sur ces modèles [28],
Dans son vieux genre encore a des graces nouvelles;
Servi par la nature, il fut noble, il fut beau,
Et montra pour danser un chemin tout nouveau.
Son fils, qui le suivit, par une autre méthode [29],
Réglant tout, brouilla tout, fit un art à sa mode,
Et fut digne pourtant de son heureux destin:
Mais chéri du public, du succès trop certain,

Chant I, vers

127 Vit dans l'âge suivant, par un retour grotesque,
128 Tomber de ses grands mots le faste pédantesque.
129 Ce poète orgueilleux, trébuché de si haut,
130 Rendit plus retenus Desportes et Bertaut.

131 Enfin Malherbe vint, et, le premier, en France,
132 Fit sentir dans les vers une juste cadence,
133 D'un mot mis à sa place enseigna le pouvoir,
134 Et réduisit la Muse aux règles du devoir.
135 Par ce sage écrivain la langue réparée
136 N'offrit plus rien de rude à l'oreille épurée.
137 Les stances avec grace apprirent à tomber,
138 Et le vers sur le vers n'osa plus enjamber.
139 Tout reconnut ses loix; et ce guide fidèle
140 Aux auteurs de ce temps sert encor de modèle.
141 Marchez donc sur ses pas; aimez sa pureté,
142 Et de son tour heureux imitez la clarté : &c...

155 Sur-tout qu'en vos écrits la langue révérée
156 Dans vos plus grands excès vous soit toujours sacrée.
157 En vain vous me frappez d'un son mélodieux,
158 Si le terme est impropre, ou le tour vicieux : &c.

Craignant des nobles pas le faste pédantesque,
Il fut leste, brillant, et quelquefois grotesque.
Dans sa fougue, il franchit le théâtre, en un saut;
L'esprit même trébuche, en s'élevant trop haut.

DANS les pâtres, LANY fut le premier, en France [30],
Qui fit sentir jadis une juste cadence,
D'un temps mis à sa place enseigna le pouvoir,
Et soumit Terpsicore aux règles du devoir.
Par ce maître savant la Danse réparée
N'offrit plus rien de rude à la scène épurée.
Les danseurs en mesure apprirent à tomber,
Et le pas sur le pas n'osa plus enjamber.
Tout reconnut les loix de ce guide fidèle:
GARDEL et DAUBERVAL, il fut votre modèle [31].
Marchons donc sur ses pas; imitons sa clarté,
Et de son tact précis aimons la pureté.

SUR-TOUT, qu'en chaque pas, la grace révérée [32]
Dans vos plus grands excès, vous soit toujours sacrée.
En vain vous m'étonnez par des pas vétilleux,
Si, lorsque vous dansez, vous ne charmez mes yeux.

Chant I, vers

163 TRAVAILLEZ à loisir, quelque ordre qui vous presse,
164 Et ne vous piquez point d'une folle vîtesse :
165 Un style si rapide, et qui court en rimant,
166 Marque moins trop d'esprit, que peu de jugement.
167 J'aime mieux un ruisseau qui, sur la molle arène,
168 Dans un pré plein de fleurs lentement se promène,
169 Qu'un torrent débordé qui, d'un cours orageux,
170 Roule, plein de gravier, sur un terrein fangeux.
171 Hâtez-vous lentement; et, sans perdre courage,
172 Vingt fois sur le métier remettez votre ouvrage :
173 Polissez-le sans cesse et le repolissez ;
174 Ajoutez quelquefois, et souvent effacez. &c...

UNISSEZ à l'aplomb le maintien et l'adresse,
Et ne vous piquez point d'une folle vîtesse :
Des mouvemens confus n'offrent rien de brillant;
Ils montrent peu de goût et jamais de talent.
J'aime mieux un ruisseau qui, sur la molle arêne,
Dans un pré plein de fleurs lentement se promène,
Qu'un torrent débordé qui, d'un cours orageux,
Roule, plein de gravier, sur un terrein fangeux.
Hâtez-vous lentement; et, sans perdre courage,
Vingt fois, dans le miroir, regardez votre ouvrage [33] :
Corrigez-le sans cesse et le recorrigez;
Un pas déplaît à l'œil? n'hésitez pas, changez.

CE bel art a ses loix, ainsi que la peinture,
Et ces loix sont un choix de la belle nature.

OCCUPEZ-VOUS sans cesse à vous bien dessiner.
A vaincre vos défauts il faut vous obstiner.
Arrondissez vos bras, soignez chaque attitude,
Recommencez souvent. L'Art est fils de l'Etude.
N'allez pas, jour et nuit, vous exercer d'abord [34];
Un arc toujours tendu perd bientôt son ressort.

Chant I, vers

183 Craignez-vous pour vos vers la censure publique?
184 Soyez-vous à vous-même un sévère critique :
185 L'ignorance toujours est prête à s'admirer.

186 Faites-vous des amis prompts à vous censurer. &c.
199 Un sage ami, toujours rigoureux, inflexible,
200 Sur vos fautes jamais ne vous laisse paisible :
201 Il ne pardonne pas les endroits négligés ;
202 Il renvoie en leur lieu les vers mal arrangés ;
203 Il réprime des mots l'ambitieuse emphase ;
204 Ici le sens le choque, et plus loin c'est la phrase :
205 Votre construction semble un peu s'obscurcir :
206 Ce terme est équivoque ; il le faut éclaircir.
207 C'est ainsi que vous parle un ami véritable.
208 Mais souvent sur ses vers un auteur intraitable &c.

CRAIGNEZ-VOUS pour vos pas la censure publique?
Soyez-vous à vous-même un sévère critique :
L'ignorance toujours est prête à s'admirer.

FAITES-VOUS des amis prompts à vous censurer.
Un sage ami, toujours rigoureux, inflexible,
Sur vos fautes jamais ne vous laisse paisible :
Il ne pardonne pas les détails négligés ;
Il renvoie en leur lieu les pas mal arrangés ;
Des pieds jusqu'à la tête, il vous voit, vous contrôle :
Là, le genou le choque ; ici, c'est votre épaule ;
Votre construction ne permet point ce pas :
A cette jambe en l'air, le bras ne répond pas.
C'est ainsi que vous parle un ami véritable ;
N'allez point, par orgueil, devenir intraitable.

MAIS distinguez l'ami du sot admirateur,
Et discernez sur-tout l'intéressé flatteur,
Conducteur de cabale et pilier de parterre,
Que le public invite ou contraint à se taire :
Pour des billets *gratis*, qu'il est certain d'avoir,
Le matin il vous loue, et vous siffle le soir.

FIN DU PREMIER CHANT.

ART POÉTIQUE

DE BOILEAU.

Chant III, vers

81 Chez nos dévots aïeux le théatre abhorré
82 Fut long-temps dans la France un plaisir ignoré.
83 Des pélerins, dit-on, une troupe grossière
84 En public à Paris y monta la première; &c.

ART DE LA DANSE.

CHANT II.

Chez nos dévots aïeux, le théâtre abhorré
Fut long-temps, dans la France, un plaisir ignoré.
Succédant aux tournois, la Danse encor grossière,
Chez nos rois, à Paris, y monta la première [1];
Lorsque Circé parut, en ce ballet pompeux,
Aux yeux de Médicis offert par Beaujoyeux [2];
On choisit les danseurs parmi cette noblesse
Qui joignait au courage et la grace et l'adresse.

Après neuf fois vingt ans, les joyeux *Tricotets* [3]
Et le pas d'Henri-Quatre ont orné nos ballets.
Ce roi si valeureux, si chéri de la France,
Et son ami Sully se plaisaient à la Danse [4]:
On peut, sans déroger, aimer cet art joyeux,
Lecteur, ouvrez l'histoire et nos livres pieux;
David, le roi David, ce guerrier patriarche [5],
Une harpe à la main, a dansé devant l'arche;

Chant III, vers

71 Eschyle dans le chœur jeta les personnages,
72 D'un masque plus honnête habilla les visages,
73 Sur les ais d'un théâtre en public exhaussé
74 Fit paraître l'acteur d'un brodequin chaussé. &c.

Chant II, vers

181 D'un trait de ce poëme, en bons mots si fertile,
182 Le Français, né malin, forma le Vaudeville;

Athène a vu Socrate, et Rome a vu Caton [6],
Souvent ouvrir le bal, sans manquer au bon ton.

Au siècle des beaux-arts, lorsque le chef suprême
Voulait se délasser du poids du diadême,
Dans ces ballets brillans que la France admirait [7],
Entouré de sa cour, lui-même il figurait.
On a vu ce héros *, à la fleur de son âge,
D'un masque sérieux habillant son visage [8],
Sur les ais d'un théâtre, au palais exhaussé [9],
De même que Beauchamps, d'un brodequin chaussé,
Sous les habits d'un dieu, danser seul à Versaille,
En pas majestueux, la grave *Passacaille* [10]:

* Louis XIV.

Malgré le préjugé, les souples courtisans,
Des plaisirs de leur roi devinrent partisans.
Cet art, que les bigots ont taxé d'infamie [11],
S'éleva tout-à-coup au rang d'Académie [12];
Et même on reconnut, au sein du parlement,
La Danse théatrale, un noble amusement [13].

D'un trait de cette Danse, en graces si fertile,
Le Français, né léger, fit la Danse de ville [14];

Chant II, vers

183 Agréable indiscret, qui, conduit par le chant,
184 Passe de bouche en bouche, et s'accroît en marchant.
185 La liberté française en ses vers se déploie:
186 Cet enfant du plaisir veut naître dans la joie. &c.

83 (Apollon.) Voulant pousser à bout tous les rimeurs françois,
84 Inventa du *Sonnet* les rigoureuses loix;
85 Voulut qu'en deux quatrains de mesure pareille
86 La rime avec deux sons frappât huit fois l'oreille;
87 Et qu'ensuite six vers artistement rangés
88 Fussent en deux tercets par le sens partagés.

89 Sur-tout de ce poëme il bannit la licence:
90 Lui-même en mesura le nombre et la cadence;
91 Défendit qu'un vers faible y pût jamais entrer,
92 Ni qu'un mot déjà mis osât s'y remontrer.
93 Du reste il l'enrichit d'une beauté suprême:
94 Un *Sonnet* sans défauts vaut seul un long poëme.
95 Mais en vain mille auteurs y pensent arriver;
96 Et cet heureux phénix est encore à trouver.

Plein de grace et d'ardeur, le jeune adolescent
Vole de bal en bal, et triomphe en dansant [15].
L'agilité française en cet art se déploie :
Cet enfant du plaisir doit exprimer la joie.

Le grave *Menuet* fut en vogue autrefois [16],
Le Goût en a fixé les rigoureuses loix :
Il veut que tous ses pas de mesure pareille,
Lorsque l'air a trois temps, frappe six fois l'oreille,
Par quatre mouvemens artistement rangés,
Soient, sur deux fois trois temps, en quatre, partagés.

De ce genre sur-tout il bannit la licence :
Lui-même en mesura le nombre et la cadence ;
Défendit qu'aucun saut y pût jamais entrer,
Et qu'un geste commun osât y pénétrer.
Du reste il l'enrichit d'une simple élégance :
Un *Menuet* parfait est la plus noble Danse.
En vain, mille danseurs y pensent arriver,
Et cet heureux phénix est encore à trouver.

Chant II, vers 97 A peine dans Gombaut, Maynard et Malleville,
98 En peut-on admirer deux ou trois entre mille : &c.

A peine dans nos bals, dont abonde la ville,
En peut-on admirer un ou deux, entre mille.
Que d'art voulait Boileau, pour faire un bon Sonnet !
Que de choses, Marcel vit dans un Menuet [17] !

La musique changea. Pour la suivre, la Danse
Laissant le Menuet, orna la Contre-danse [18],
Fit des pas plus légers sur des airs plus chantans,
En bondissant deux fois sur son rythme à deux temps.
Chacun réglant ses pas au gré de son caprice,
Le bal devint bientôt une arène, une lice;
Enfin, pour varier les plaisirs des hivers,
La mode admit les pas de vingt peuples divers,
Et couvrit dans nos bals, d'une teinte française,
La Walse aux mille tours, la piétinante Anglaise [19] :
La boiteuse Allemande entrelaçant les bras [20]
L'emporta quelque temps sur les plus nobles pas.
Le bruyant Fandango, la vive Provençale [21]
Qui sans cesse bondit, qu'en gaîté rien n'égale,
Eurent aussi leur rang, dans ces joyeux assauts
Où du Basque léger on imita les Sauts [22].
Du grimacier Cosaque on eut la fantaisie [23],
Et le Pas trop lascif de la froide Russie [24],

Chant II, vers

103 L'ÉPIGRAMME, plus libre en son tour plus borne,
104 N'est souvent qu'un bon mot de deux rimes orné. &c.

145 L'ARDEUR de se montrer, et non pas de médire,
146 Arma la vérité du vers de la satire.
147 Lucile le premier osa la faire voir;
148 Aux vices des Romains présenta le miroir;
149 Vengea l'humble vertu, de la richesse altière,
150 Et l'honnête homme à pied, du faquin en litière.
151 HORACE à cette aigreur mêla son enjoûment:
152 On ne fut plus ni fat, ni sot, impunément;
153 Et malheur à tout nom qui, propre à la censure,
154 Put entrer dans un vers sans rompre la mesure. &c.

Par les graces bientôt dansé plus décemment,
Vint enrichir nos bals d'un nouvel ornement :
Ainsi, plus d'un auteur nous offrit sur la scène
Un opéra charmant, tiré d'un conte obscène.

De ces Danses sans art, le genre très-borné,
N'est souvent qu'un seul pas, par la musique orné.

L'ardeur de corriger, et non pas de médire,
Va m'armer un instant du trait de la satire.
De réformer l'esprit Boileau fit son devoir;
Nous, aux défauts du corps présentons le miroir;
Vengeons le vrai talent, de l'ignorance altière,
Et chassons de nos bals la Danse grimacière.
A quelques traits d'humeur, mêlons de l'enjoûment;
Qu'on ne soit faux, ni fat, ni gauche impunément.
Malheur à tout danseur qui, bravant la censure,
Ferait un pas sans grace ou romprait la mesure.

Le ciel qui, rarement prodigue ses bienfaits,
En nous donnant le jour, fit peu d'hommes parfaits.
Pour un être accompli, combien j'en vois de gauches!
La plupart des humains ne sont que des ébauches.

Chant II, vers

17 Au contraire cet autre, abject en son langage,
18 Fait parler ses bergers comme on parle au village.
19 Ses vers plats et grossiers, dépouillés d'agrément,
20 Toujours baisent la terre, et rampent tristement :
21 On dirait que Ronsard, sur ses pipeaux rustiques,
22 Vient encor fredonner ses idylles gothiques,
23 Et changer, sans respect de l'oreille et du son,
24 Lycidas en Pierrot, et Philis en Toinon. &c.

Que ce grand homme est sec! que ceux-là sont petits!
Quels visages communs! que de corps mal bâtis!
Voûtés, arqués, cagneux, jambes torses ou grêles [25],
L'un a les os trop gros, l'autre les a trop frêles;
Même sans ces défauts, un air fat ou butor
Offense nos regards, dès le premier abord.
Place à cet Élégant, dos rond, épaule haute!
Il se croit un Vestris, dès le moment qu'il saute;
Il fait bien quelques pas, même il a du brillant;
Mais au bout de ses pieds est borné son talent.

De ce couple, voyez l'éternel sautillage;
Il danse dans Paris, comme on danse au village.
Ses pas lourds et grossiers, dépouillés d'agrément,
Font gémir le parquet ou rampent pesamment:
Pour ce genre, il faudrait sur des pipeaux rustiques,
Entendre fredonner quelques vieux airs gothiques,
En théâtre, changer le fond de ce salon,
Le jeune homme en Pierrot, et la belle en Toinon.

Tout occupé de lui, négligeant la cadence
Cet autre, en dandinant, croit prendre un air d'aisance.

Chant II, vers

155 Perse, en ses vers obscurs, mais serrés et pressans,
156 Affecta d'enfermer moins de mots que de sens.

157 Juvénal, élevé dans les cris de l'école,
158 Poussa jusqu'à l'excès sa mordante hyperbole. &c.

Chant III, vers

313 Mais souvent parmi nous un poète sans art,
314 Qu'un beau feu quelquefois échauffe par hasard,
315 Enflant d'un vain orgueil son esprit chimérique,
316 Fièrement prend en main la trompette héroïque:
317 Sa muse déréglée, en ses vers vagabonds,
318 Ne s'élève jamais que par sauts et par bonds: &c.
323 Lui-même, applaudissant à son maigre génie,
324 Se donne par ses mains l'encens qu'on lui dénie: &c.

333 Laissons-les donc entre eux s'escrimer en repos;
334 Et, sans nous égarer, suivons notre propos. &c.

Tel, en ses temps confus, mais serrés et pressans
Pour battre chaque pas, se tord en tous les sens.

D'un prêtre de Bacchus, l'un a la Danse folle,
Et l'autre est sérieux comme un maître d'école.
Voyez ce front baissé, voyez ce nez au vent,
Les coudes en arrière et le col en avant;
Remarquez de profil cette caricature,
Pliant peu les genoux et beaucoup la ceinture.

Là, c'est un autre fou sans nature et sans art,
Qu'un beau feu pour la Danse échauffa par hasard:
D'amour-propre pétri, malgré son corps rustique,
Fièrement il néglige et graces et musique;
Sa danse déréglée, en ses pas vagabonds,
Ne s'élève jamais que par sauts et par bonds:
Lui-même, applaudissant à son maigre génie,
Se donne par ses mains l'encens qu'on lui dénie.

Laissons ces faux talens s'escrimer en repos,
Et, sans nous égarer, suivons notre propos.

Que de jeunes beautés auraient d'art et de graces,
Si l'étude et le goût corrigeaient leurs grimaces!

Chant II, vers

45 Je hais ces vains auteurs dont la muse forcée
46 M'entretient de ses feux, toujours froide et glacée;
47 Qui s'affligent par art, et, fous de sens rassis,
48 S'érigent, pour rimer, en amoureux transis. &c.

53 Ce n'était pas jadis sur ce ton ridicule
54 Qu'amour dictait les vers que soupirait Tibulle. &c.

25 Entre ces deux excès la route est difficile... &c.

Joli pied mal tourné, joli bras mal placé ;
Plus je les vois mouvoir, plus mon œil est blessé.
Vainement de la Danse elles ont la manie :
Un instrument discord n'a jamais d'harmonie.

O VOUS ! jeunes Français, jouez avec vos pas ;
Beau sexe, charmez-moi, mais ne m'étonnez pas.

JE ris de ces sauteurs dont la Danse forcée
Malgré tout leur travail, reste froide et glacée ;
S'ils ont long-temps appris, pour si peu réussir,
Combien de temps perdu ! quel pénible plaisir !

CE n'était pas jadis par ce ton ridicule
Que le danseur français des Graces fut l'émule.

SANS trop de sérieux et sans trop de gaîté,
Jeunes gens, alliez décence et volupté ;
Entre ces deux excès le chemin est facile,
Lorsqu'aux loix du *bon goût* on sait être docile.

MAIS laissons-là le bal, et fifre et tambourins,
Petits pas, petits airs et leurs joyeux refreins ;
Qu'en sautillant encore, au sortir on répète
Et volons au théâtre, emboucher la trompette.

FIN DU SECOND CHANT.

ART POÉTIQUE

DE BOILEAU.

Chant II, vers

55 ..... Du tendre Ovide animant les doux sons,
56 Il donnait de son art les charmantes leçons. &c...

58 L'Ode avec plus d'éclat, et non moins d'énergie,
59 Élevant jusqu'au ciel son vol ambitieux,
60 Entretient dans ses vers commerce avec les dieux.
61 Aux athlètes dans Pise elle ouvre la barrière,
62 Chante un vainqueur poudreux au bout de la carrière, &c.
67 Elle peint les festins, les danses, et les ris; &c...

73 Loin ces rimeurs craintifs, dont l'esprit phlegmatique
74 Garde dans ses fureurs un ordre didactique; &c...

ART DE LA DANSE.

CHANT III.

Du sage Despréaux, parodiant les sons,
Prouvons, en répétant ses savantes leçons,
De la Danse et des Vers l'heureuse analogie.

De l'Ode, la Chaconne [1] a l'éclat, l'énergie:
Élevant jusqu'au ciel son vol ambitieux,
La Chaconne sans doute est la Danse des dieux.
Aux lutteurs en Aulide [2], elle ouvre la barrière,
Et fournit aux danseurs une vaste carrière;
Elle peint des festins et les jeux et les ris
Et fit briller long-temps le premier des Vestris [3].
Elle est dans ses élans, tour-à-tour folle et sage.
Qui peut mieux qu'elle enfin couronner un ouvrage [4],
Par ses chants variés, son aimable rondeau,
Son paisible mineur, son bruyant crescendo?

Loin ces danseurs craintifs, dont le jeu mécanique
Garde, dans la Chaconne, un ordre méthodique;

Chant III, vers

275 Oh! que j'aime bien mieux cet auteur plein d'adresse,
276 Qui, sans faire d'abord de si haute promesse, &c.

Chant II, vers

9 Il faut que sa douceur flatte, chatouille, éveille,
10 Et jamais de grands mots n'épouvante l'oreille. &c...
31 Chanter Flore, les champs, Pomone, les vergers;
32 Au combat de la flûte animer deux bergers; &c...
41 Elle peint des amans la joie et la tristesse;
42 Flatte, menace, irrite, appaise une maîtresse. &c....

68 Vante un baiser cueilli sur les lèvres d'Iris,
69 Qui mollement résiste, et, par un doux caprice,
70 Quelquefois le refuse, afin qu'on le ravisse. &c...

43 Mais, pour bien exprimer ces caprices heureux,
44 C'est peu d'être poète; il faut être amoureux.. &c...

La froide exactitude, aux loix de son compas,
Asservit tristement leurs gestes et leurs pas.

Oh! que j'aime bien mieux ce danseur plein d'adresse
Qui, toujours déployant une aimable souplesse,
Lorsque par trop d'ardeur il se sent emporté,
Abandonne un instant la régularité!

La Danse Pastorale [5] amuse, flatte, éveille,
Quand, choisissant des airs qui plaisent à l'oreille,
Dans les jardins de Flore, au milieu des vergers,
Elle peint les combats, et les jeux des bergers,
Retrace des amans la joie et la tristesse,
Flatte, menace, irrite, appaise une maîtresse.
Ainsi dans ce ballet [6] qui charma tout Paris,
Hylas guette un baiser sur les lèvres d'Iris,
Qui mollement résiste, et, par un doux caprice,
Quelquefois le refuse, afin qu'on le ravisse.

Mais, pour bien exprimer ces caprices heureux,
C'est peu d'être danseur; il faut être amoureux.

Chant II, vers 1 Telle qu'une bergère, au plus beau jour de fête,
2 De superbes rubis ne charge point sa tête,
3 Et, sans mêler à l'or l'éclat des diamans,
4 Cueille en un champ voisin ses plus beaux ornemens: &c.

Chant III, vers 295 On dirait que pour plaire, instruits par la nature,
296 Homère ait à Vénus dérobé sa ceinture. &c...

Chant II, vers 7 Son tour simple et naïf n'a rien de fastueux. &c...

Chant III, vers 299 Tout reçoit dans ses mains une nouvelle grace;
300 Par-tout il divertit, et jamais il ne lasse. &c...

Toi qui traças Mirza, la Rosière, Ninette,
Tout à-la-fois danseur, musicien, poète,
Ingénieux Gardel [7], mon maître et mon ami,
Combien, en te perdant, Terpsicore a gémi!

Le léger Passepied [8] doit voler terre-à-terre;
Son pas précipité peint l'effet d'une pierre
Alors qu'un jeune bras la lance en tournoyant:
Elle effleure [9] l'eau, glisse, et court en sautillant.

Telle qu'une bergère, au plus beau jour de fête,
De superbes rubis ne charge point sa tête,
Et, sans mêler à l'or l'éclat des diamans,
Cueille en un champ voisin ses plus beaux ornemens,
Telle, Guimard [10], pour plaire, imitant la nature,
Semble avoir de Vénus, dérobé la ceinture.
Son air simple et naïf n'a rien de fastueux;
Elle enivre à la fois et le cœur et les yeux:
Par elle, tout reçoit une nouvelle grace.
Sans cesse elle nous charme, et jamais ne nous lasse,

Chant II, vers 38 D'un ton un peu plus haut, mais pourtant sans audace, &c.

Chant III, vers 360 Auteurs qui prétendez aux honneurs du comique. &c.

367 Présentez-en par-tout les images naïves ;
369 La nature, féconde en bizarres portraits,
370 Dans chaque ame est marquée à de différens traits ;

Chant II, vers 105 Jadis de nos auteurs les pointes ignorées
106 Furent de l'Italie en nos vers attirées.
107 Le vulgaire, ébloui de leur faux agrément,
108 A ce nouvel appât courut avidement.
109 La faveur du public excitant leur audace,
110 Leur nombre impétueux inonda le Parnasse :

Et ses bras délicats, par des contours charmans,
Nous peignent du roseau les souples mouvemens.

D'UN ton un peu plus haut, mais pourtant sans audace,
Faut-il peindre une Nymphe [11] et l'amant qui l'agace?
Que vos gestes, vos yeux, vifs et lents tour-à-tour,
Expriment vos desirs, vos craintes, votre amour.

ET vous que la nature a faits pour le comique [12],
Ne vous montrez jamais dans le genre héroïque;
A la belle SAULNIER [13], à la svelte MILLER [14],
Laissez les pas savans que commande un grand air;
Du peuple, peignez-nous les danses expressives,
Présentez-en par-tout les images naïves.
La nature est féconde en bizarres portraits;
Ayez l'art d'en choisir les plus aimables traits.

L'ESPRIT a son clinquant, la Danse a ses bluettes.
Naguères, de Stutgard nous vinrent les Pirouettes [15];
Le vulgaire, ébloui de leur faux agrément,
A ce nouvel appât courut avidement.
La faveur du public excitant leur audace,
Leur nombre impétueux s'empara de la place.

Chant II, vers

111 Le Madrigal d'abord en fut enveloppé ;
112 Le Sonnet orgueilleux lui-même en fut frappé ;
113 La Tragédie en fit ses plus chères délices ;
114 L'Elégie en orna ses douloureux caprices ;
115 Un héros sur la scène eut soin de s'en parer,
116 Et sans pointe un amant n'osa plus soupirer ;
117 On vit tous les bergers, dans leurs plaintes nouvelles,
118 Fidèles à la pointe encor plus qu'à leurs belles ; &c.

133 Ce n'est pas quelquefois qu'une muse un peu fine
134 Sur un mot, en passant, ne joue et ne badine,
135 Et d'un sens détourné n'abuse avec succès :
136 Mais fuyez sur ce point un ridicule excès ;
137 Et n'allez pas toujours d'une pointe frivole
138 Aiguiser par la queue une épigramme folle. &c...

Chaque genre d'abord en fut enveloppé.
Le noble Menuet lui-même en fut frappé ;
La Pantomime en fit ses plus chères délices :
La Chaconne soudain n'eut plus d'autres caprices ;
Le héros, sur la scène, eut soin de s'en parer,
Et sans tourner, l'amant n'osa plus soupirer.
On vit chaque berger, dans sa danse nouvelle,
Fidèle à la pirouette, encor plus qu'à sa belle [16] ;
Sur l'olympe étonné, pirouetta Jupiter,
Et Mars, près de Vénus, tourna deux fois en l'air.
Ce n'est pas quelquefois qu'une Danse un peu fine,
Sur un air sémillant, ne joue et ne badine,
Et d'un pas déplacé n'abuse avec succès :
Mais fuyez sur ce point un ridicule excès ;
Et n'allez pas, faisant pirouette sur pirouette,
Quand j'attends un danseur, m'offrir une girouette.

LA danse à l'Opéra doit enchanter les yeux,
Et non les effrayer par des tours périlleux.

LES Bergers sont galans, les Faunes sont sauvages ;
A de diverses mœurs, prêtez divers visages.

Chant III, vers 421 J'AIME sur le théâtre un agréable auteur
422 Qui, sans se diffamer aux yeux du spectateur,
423 Plaît par la raison seule, et jamais ne la choque :
424 Mais pour un faux plaisant, à grossière équivoque,
425 Qui pour me divertir n'a que la saleté,
426 Qu'il s'en aille, s'il veut, sur deux tréteaux monté,
427 Amusant le pont-neuf de ses sornettes fades,
428 Aux laquais assemblés jouer ses mascarades. &c...

Chant II, vers 139 TOUT poëme est brillant de sa propre beauté. &c...

Le Pâtre est plus joyeux ; vif, adroit et malin,
Que dans la gaîté même, il garde encore un frein.
Malgré tous les *Bravo* d'un aveugle parterre [17],
Ne passez pas le but : la Danse est l'art de plaire.

J'AIME sur le théâtre un élégant danseur
Qui, sans se diffamer aux yeux du spectateur,
Plaît par la grace seule, et jamais ne la choque :
Mais pour un faux plaisant, dont le bon goût se moque,
Qui, de sauts étonnans, est toujours occupé,
Qu'il s'en aille, s'il veut, sur des tréteaux grimpé,
Le long de nos remparts, séjour des pasquinades,
Sur la corde foraine, essayer ses gambades.

TROP souvent l'amour-propre en cet art fait décheoir :
Par les yeux d'un ami cherchez donc à vous voir.
Jeunes gens, vainement vous forcez la nature :
Croyez-moi, travaillez d'après votre structure,
Et ne vous parez point d'un mérite emprunté :
Chaque genre est brillant de sa propre beauté.

SI vous n'aimez votre art d'un amour idolâtre,
Gardez-vous, croyez-moi, de paraître au théâtre :

Chant IV, vers

25 Son exemple est pour vous un précepte excellent.
26 Soyez plutôt maçon, si c'est votre talent,
27 Ouvrier estimé dans un art nécessaire,
28 Qu'écrivain du commun et poète vulgaire.

Suivez de DESPRÉAUX ce précepte excellent:
« Soyez plutôt maçon, si c'est votre talent,
» Ouvrier estimé dans un art nécessaire,
» Qu'un artiste commun, ou qu'un danseur vulgaire».

FIN DU TROISIÈME CHANT.

ART POÉTIQUE

DE BOILEAU.

Chant III, vers

61 La tragédie, informe et grossière en naissant,
62 N'était qu'un simple chœur, où chacun en dansant, &c.

1 Il n'est point de serpent, ni de monstre odieux,
2 Qui, par l'art imité, ne puisse plaire aux yeux :
3 D'un pinceau délicat l'artifice agréable
4 Du plus affreux objet fait un objet aimable.

ART DE LA DANSE.

CHANT IV.

L'ART de la Danse, informe et grossier en naissant,
N'était qu'un simple chœur, où chacun en dansant,
Animé du refrein de quelque chansonnette,
Bondissait en cadence, au son de la musette.
Mais laissons CAHUZAC raconter ces vieux faits [1];
Des BALLET D'ACTION démontrons les effets.

CHEZ l'être policé, chez le peuple sauvage,
Le GESTE fut toujours l'universel langage [2];
Dès son enfance, aidé de ses yeux, de ses mains,
L'homme dit ses besoins, ses desirs, ses chagrins;
La parole est trop peu, sans l'art du Pantomime;
Ce que diraient vingt mots, un seul geste l'exprime.

IL n'est point de serpent, ni de monstre odieux,
Qui, par l'art imité, ne puisse plaire aux yeux :
D'un pinceau délicat l'artifice agréable
Du plus affreux objet fait un objet aimable.

Chant III, vers

5 Ainsi, pour nous charmer, la Tragédie en pleurs
6 D'Œdipe tout sanglant fit parler les douleurs,
7 D'Oreste parricide exprima les alarmes,
8 Et, pour nous divertir, nous arracha des larmes. &c..

95 De cette passion la sensible peinture
96 Est pour aller au cœur la route la plus sûre. &c...

9 Vous donc qui, d'un beau feu pour le théâtre épris,
10 Venez en vers pompeux y disputer le prix,
11 Voulez-vous sur la scène étaler des ouvrages
12 Où tout Paris en foule apporte ses suffrages,
13 Et qui toujours plus beaux, plus ils sont regardés,
14 Soient au bout de vingt ans encor redemandés?
15 Que dans tous vos discours la passion émue
16 Aille chercher le cœur, l'échauffe et le remue. &c...
25 Le secret est d'abord de plaire et de toucher:
26 Inventez des ressorts qui puissent m'attacher. &c...

55 Que le trouble, toujours croissant de scène en scène,
56 A son comble arrivé se débrouille sans peine. &c.

Ainsi, pour nous charmer, la Pantomime en pleurs
De l'atroce Médée exprima les fureurs [3],
Nous montra de Psyché l'amour et les alarmes [4],
Et, pour nous divertir, nous arracha des larmes.
GARDEL, après NOVERRE, à nos yeux rappela [5]
Cette Danse expressive où PYLADE excella [6].

DES Ballets d'action, la sensible peinture,
Est pour aller au cœur la marche la plus sûre.

VOUS donc qui, d'un beau feu pour le théatre épris,
Venez d'un art charmant y disputer le prix,
Voulez-vous sur la scène étaler des ouvrages
Où tout Paris en foule apporte ses suffrages,
Et qui toujours plus beaux, plus ils sont regardés,
Soient au bout de vingt ans encor redemandés?
Que dans tous vos ballets la passion émue
Aille chercher le cœur, l'échauffe et le remue;
Le secret est d'abord de plaire et de toucher:
Inventez des ressorts qui puissent m'attacher.

QUE le trouble, toujours croissant de scène en scène,
A son comble arrivé se débrouille sans peine.

Chant III, vers

21 Vos froids raisonnemens ne feront qu'attiédir
22 Un spectateur toujours paresseux d'applaudir. &c.

131 La nature est en nous plus diverse et plus sage ;
132 Chaque passion parle un différent langage :
133 La colère est superbe, et veut des mots altiers ;
134 L'abattement s'explique en des termes moins fiers. &c.
111 Que pour ses dieux Enée ait un respect austère.
112 Conservez à chacun son propre caractère. &c.
141 Il faut dans la douleur que vous vous abaissiez :
142 Pour me tirer des pleurs, il faut que vous pleuriez. &c.

145 Le théatre, fertile en censeurs pointilleux,
146 Chez nous pour se produire est un champ périlleux.
147 Un auteur n'y fait pas de faciles conquêtes ;
148 Il trouve à le siffler des bouches toujours prêtes :
149 Chacun le peut traiter de fat et d'ignorant ;
150 C'est un droit qu'à la porte on achète en entrant.
151 Il faut qu'en cent façons, pour plaire, il se replie ;
152 Que tantôt il s'élève et tantôt s'humilie ; &c...

Par d'inutiles Pas n'allez point attiédir [7]
Un spectateur toujours paresseux d'applaudir.

Imitez la nature, elle est diverse et sage;
Chaque passion parle un différent langage:
La colère est superbe, et ses yeux sont altiers;
L'abattement s'explique en des gestes moins fiers.
Qu'Achille soit bouillant, que Mentor soit austère.
Conservez à chacun son propre caractère.
Il faut dans la douleur que vous vous abaissiez:
Pour me tirer des pleurs, il faut que vous pleuriez.
Que votre geste enfin, plus prompt que la parole,
Offre, comme un éclair, l'esprit de votre rôle.

Le théâtre, fertile en censeurs pointilleux,
Chez nous pour se produire est un champ périlleux.
Un danseur n'y fait pas de faciles conquêtes;
Il trouve à le siffler des bouches toujours prêtes:
Chacun le peut traiter de gauche et d'ignorant;
C'est un droit qu'à la porte on achète en entrant.
Il faut qu'en cent façons, pour plaire, il se replie,
Que tantôt il s'élève et tantôt s'humilie;

Chant III, vers

157 Et que tout ce qu'il dit, facile à retenir,
158 De son ouvrage en nous laisse un long souvenir.
159 Ainsi la Tragédie agit, marche, et s'explique.

(........................ la poésie épique,)
161 Dans le vaste récit d'une longue action,
162 Se soutient par la fable, et vit de fiction.
163 Là pour nous enchanter tout est mis en usage;
164 Tout prend un corps, une ame, un esprit, un visage.
165 Chaque vertu devient une divinité :
166 Minerve est la prudence, et Vénus la beauté;
167 Ce n'est plus la vapeur qui produit le tonnerre,
168 C'est Jupiter armé pour effrayer la terre; &c...
189 Sans tous ces ornemens le vers tombe en langueur;
190 La poésie est morte, ou rampe sans vigueur; &c...

219 Mais, dans une profane et riante peinture,
220 De n'oser de la fable employer la figure;
221 De chasser les Tritons de l'empire des eaux;
222 D'ôter à Pan sa flûte, aux Parques leurs ciseaux;
223 D'empêcher que Caron, dans la fatale barque,
224 Ainsi que le berger ne passe le monarque : &c...

Et que tout ce qu'il sent, soit chagrin, soit plaisir,
De son talent en nous laisse un long souvenir [8].
Ainsi le Pantomime agit, marche, et s'explique,
Conduit par la nature, aidé par la musique.

Le Spectacle pompeux d'un ballet d'action,
Se soutient par la fable, et vit de fiction.
Là pour nous enchanter tout est mis en usage;
Tout prend un corps, une ame, un esprit, un visage.
Chaque vertu devient une divinité:
Minerve est la prudence, et Vénus la beauté;
Ce n'est plus la vapeur qui produit le tonnerre,
C'est Jupiter armé pour effrayer la terre:
Sans tous ces ornemens cet art tombe en langueur;
La Pantomime est morte, ou rampe sans vigueur.

Osez donc de la fable employer la figure;
Imitez sa magique et riante peinture.
Maintenez les Tritons dans l'empire des eaux;
Laissez à Pan sa flûte, aux Parques leurs ciseaux;
Et que toujours Caron, dans la fatale barque,
Passe l'humble berger, ainsi que le monarque.

Chant III, vers

237 LA fable offre à l'esprit mille agrémens divers :
238 Là tous les noms heureux semblent nés pour les vers,
239 Ulysse, Agamemnon, Oreste, Idoménée,
240 Hélène, Ménélas, Pâris, Hector, Enée.
241 Oh ! le plaisant projet d'un p ète ignorant,
242 Qui de tant de héros va choisir Childebrand !
243 D'un seul nom quelquefois le son dur ou bizarre
244 Rend un poëme entier ou burlesque ou barbare. &c...

257 SOYEZ vif et pressé dans vos narrations :
258 Soyez riche et pompeux dans vos descriptions. &c...

287 DE figures sans nombre égayez votre ouvrage ;
288 Que tout y fasse aux yeux une riante image :
289 On peut être à la fois et pompeux et plaisant ;
290 Et je hais un sublime ennuyeux et pesant.
291 J'aime mieux Arioste et ses fables comiques,
292 Que ces auteurs toujours froids et mélancoliques

La fable offre à l'esprit mille ballets divers :
De la riche épopée interrogez les vers.
Que de sujets heureux dans Homère et Virgile !
Télémaque, Bacchus, Pâris, Hercule, Achille [9].
N'allez pas, imitant cet auteur qu'on hua,
Parmi tant de héros, choisir Gargantua [10],
Ou quelque autre sujet froid, inconnu, bizarre,
Orné d'une musique ou burlesque, ou barbare.

Peignez-moi les amours de Mars ou de Vénus,
Et que tous vos tableaux soient dignes d'être vus.
Craignez, pour m'émouvoir, d'ensanglanter la scène.
Ne me révoltez point par une image obscène.

Soyez vif et fertile en imitations [11] :
Soyez pompeux et riche en décorations.

De figures sans nombre égayez votre ouvrage;
Que tout y fasse aux yeux une riante image :
On peut être à la fois et pompeux et plaisant,
Et je hais tout spectacle ennuyeux et pesant.
J'aime mieux don Quichotte et son valet comique [12],
Qu'un sombre et froid ballet, soi-disant héroïque [13]

Chant III, vers
293 Qui dans leur sombre humeur se croiraient faire affront
294 Si les graces jamais leur déridaient le front. &c...

Chant I, vers
175 C'EST peu qu'en un ouvrage où les fautes fourmillent
176 Des traits d'esprit semés de temps en temps pétillent :
177 Il faut que chaque chose y soit mise en son lieu ;
178 Que le début, la fin, répondent au milieu ;
179 Que d'un art délicat les pièces assorties
180 N'y forment qu'un seul tout de diverses parties ; &c.

Chant III, vers
389 NE faites point parler vos acteurs au hasard,
390 Un vieillard en jeune homme, un jeune homme en vieillard.

393 C'est par là que Molière, illustrant ses écrits,
394 Peut-être de son art eût remporté le prix,
395 Si, moins ami du peuple, en ses doctes peintures
396 Il n'eût pas fait souvent grimacer ses figures,
397 Quitté, pour le bouffon, l'agréable et le fin,
398 Et sans honte à Térence allié Tabarin :
399 Dans ce sac ridicule où Scapin s'enveloppe
400 Je ne reconnais plus l'auteur du Misantrope &c...

Où de graves danseurs croiraient se faire affront
Si la gaîté jamais leur déridait le front.

C'EST peu qu'en un ballet où les fautes fourmillent
Des PAS un peu brillans de loin en loin pétillent :
Il faut que chaque chose y soit mise en son lieu ;
Que le début, la fin, répondent au milieu ;
Que, d'un art enchanteur, les pièces assorties
N'y forment qu'un seul tout, de diverses parties.

NE faites point agir vos acteurs au hasard,
Un vieillard en jeune homme, un jeune homme en vieillard.

POUR ajouter, sans cesse, à votre répertoire,
Étudiez la fable et connaissez l'histoire ;
C'est par-là que NOVERRE a charmé tout Paris,
Et de son art peut-être eût remporté le prix,
Si, moins ami du peuple, en ses vives peintures
Il n'eût fait quelquefois grimacer ses figures,
Quitté, pour le bouffon, l'agréable et le fin,
Et fait d'un grand spectacle un théâtre forain :
Dans ce ballet chinois, à burlesques grimaces [14],
Je ne reconnais plus l'auteur des trois Horaces.

Chant III, vers

309 Un poëme excellent, où tout marche et se suit,
310 N'est pas de ces travaux qu'un caprice produit :
311 Il veut du temps, des soins; et ce pénible ouvrage
312 Jamais d'un écolier ne fut l'apprentissage. &c.

Chant IV, vers

125 Travaillez pour la gloire, et qu'un sordide gain
126 Ne soit jamais l'objet d'un illustre écrivain.
127 Je sais qu'un noble esprit peut, sans honte et sans crime,
128 Tirer de son travail un tribut légitime : &c.

111 Fuyez sur-tout, fuyez, ces basses jalousies,
112 Des vulgaires esprits malignes frénésies.
113 Un sublime écrivain n'en peut être infecté;
114 C'est un vice qui suit la médiocrité. &c.

Un ballet excellent, où tout marche et se suit,
N'est pas de ces travaux qu'un caprice produit:
Il veut du temps, des soins; et ce pénible ouvrage
Jamais d'un écolier ne fut l'apprentissage.

Travaillez pour l'honneur, sans dédaigner le gain:
C'est ce que fait souvent plus d'un noble écrivain.
Le talent, quel qu'il soit, peut sans honte et sans crime,
Tirer de son travail un tribut légitime.

Voulez-vous dans le monde être chéri, fêté?
Artiste, aux bonnes mœurs, joignez l'aménité:
Fuyez sur-tout, fuyez ces basses jalousies,
Des vulgaires talens malignes frénésies.
C'est un vice qui suit la médiocrité.
Souffrez que des rivaux soient à votre côté.
Sachez concilier amour-propre et justice.
Laissez à tout danseur le droit d'entrer en lice.
Les Gardel, les Vestris, se doivent leurs élans,
Et l'émulation est l'ame des talens [15].

Vous a-t-on confié le soin d'un jeune élève?
A l'air gauche ou commun n'accordez point de trève;

Chant IV, vers

221 Auteurs, pour les chanter redoublez vos transports :
222 Le sujet ne veut pas de vulgaires efforts. &c.

225 Vous me verrez pourtant, dans ce champ glorieux,
226 Vous animer du moins de la voix et des yeux ;
227 Vous offrir ces leçons que ma Muse au Parnasse
228 Rapporta, jeune encor, du commerce d'Horace ;
229 Seconder votre ardeur, échauffer vos esprits,
230 Et vous montrer de loin la couronne et le prix.
231 Mais aussi pardonnez, si, plein de ce beau zèle,
232 *De tous vos* Pas fameux, *observateur fidèle*,
233 Quelquefois du bon or je sépare le faux,
234 Et des auteurs grossiers j'attaque les défauts :
235 Censeur un peu fâcheux, mais pourtant nécessaire,
236 Plus enclin à blâmer, que savant à bien faire.

FIN DU QUATRIÈME CHANT DE L'ART POÉTIQUE.

De l'éducation la Danse est le vernis:
C'est au maintien décent qu'on attache du prix [16].
N'allez point de Marcel, outrant le caractère,
D'un ton brusque et grossier, enseigner l'art de plaire [17].

Et vous qui, du public, excitez les transports,
Danseurs, pour nous charmer, redoublez vos efforts.
Des *graces* et du *goût* [18] une heureuse alliance
Dans le rang des beaux arts peut maintenir la Danse.

Tout près de mon automne, en cet art gracieux,
J'ose vous animer de la voix et des yeux;
Agréez ces leçons que ma Muse, au théâtre,
Me dicta, jeune encor, sur l'art que j'idolâtre [19];
Secondant votre ardeur, échauffant vos esprits,
Je vous montre de loin la couronne et le prix.
Mais aussi pardonnez, si, plein de ce beau zèle,
De tous vos *pas fameux*, observateur fidèle,
Quelquefois du bon or, je sépare le faux,
Et des danseurs grossiers, j'attaque les défauts:
Censeur un peu fâcheux, mais pourtant nécessaire;
Plus enclin à blâmer, que savant à bien faire.

FIN DU QUATRIÈME ET DERNIER CHANT.

NOTES

DU PREMIER CHANT.

Page 183, vers 3.

[1] S'il n'a reçu du ciel grace, adresse, élégance.

L'Élégance dans la taille est un don de la nature que très-peu de personnes possèdent ; il faut être mince et bien fait, avoir de petits os et des muscles peu prononcés, la poitrine élevée, la tête haute sans affectation. Un homme court et gros n'a jamais d'élégance.

Page 185, vers 4.

[2] Sachez que le talent n'est pas de s'enlever.

S'enlever, terme de Danse, c'est quitter la terre par un élan, sauter haut et perpendiculairement. On s'élève sur les pointes des pieds, on s'enlève en sautant.

Ibid. vers 8.

[3] Selon leurs facultés partage les talens.

Il existe trois sortes de tailles, la grande, la moyenne

et la petite ; ce qui donne nécessairement trois sortes de Danse.

1°. Le genre noble ou sérieux ; 2°. le genre galant-berger, ou demi-caractère ; 3°. le genre comique ou genre du pâtre. Il y en a un quatrième pour les danseurs gros, courts et vigoureux, qui est ordinairement trivial.

Page 185, vers 9.

4 L'un, dans un pas de deux, peut exprimer sa flamme.

Tel était Pic, danseur dans le demi-caractère. Il avait une taille moyenne, mince, parfaitement proportionnée. Il dansait à merveille les *pas de Deux*. Il débuta à Paris en 1778, dans les *Caprices de Galatée*, ballet de M. Noverre. Il resta peu de temps à l'Opéra.

Nivelon fit, pendant nombre d'années, grand plaisir, dans le même genre.

Ibid. vers 10.

5 L'autre, d'un pas plus vif sait égayer notre ame.

Auguste Vestris. *Voyez* la note n° 29.

Page 185, vers 11.

6 Gardel peut d'un héros nous peindre les combats.

Pierre Gardel le jeune, débuta en 1774. Il succéda à son frère en 1787, comme premier danseur et maître de ballets ; grand, bien fait, sa Danse est le genre grave ; il est l'auteur des ballets de *Télémaque*, *Psyché*, *le Jugement de Pâris*, *la Dansomanie*, &c. &c. &c. Il mérite la grande réputation qu'il a dans son art.

Ibid. vers 12.

7 Et Deshays, d'un Zéphir les amoureux ébats.

Deshays, en dansant Zéphir dans le ballet de *Psyché*, fit le plus grand plaisir. Le ballet du *Retour de Zéphir*, de la composition de Pierre Gardel, fut fait exprès pour lui.

Ce fut Laborie qui le premier dansa le rôle de Zéphir, en décembre 1790 ; sa taille prêtait encore plus à ce rôle ; il avait un talent très-agréable.

Ibid. vers 18.

8 Que toujours votre pas s'unisse à la cadence.

Cadence ou Rhythme ; termes dont on se sert dans

la poésie , dans la musique , et dans la Danse , pour exprimer la même chose.

En Danse , c'est l'observation exacte des mesures de l'air sur lequel on Danse , et des divisions de ses mesures. Il faut une si grande précision pour que l'œil et l'oreille soient frappés en même temps , que le spectateur ne sache laquelle de la musique ou de la Danse obéit à l'autre.

Tous les mouvemens appartiennent à la Danse, comme tous les sons appartiennent à la musique; c'est à l'artiste à choisir ce qui lui convient pour plaire.

« C'est par les rhythmes figurés , gestes , pas ou mou-
» vemens cadencés , que les danseurs expriment les
» mœurs , les passions , les actions ».

Poétique d'Aristote , chap. premier.

Page 187, vers 9.

9 Évitons ces excès; laissons à l'Italie
De ces sauts étonnans la bizarre folie.

Les danseurs d'Italie , qu'on nomme *grotesques* , ne cherchent qu'à étonner ; leur Danse est ignoble : ils semblent ignorer que la Danse est un art de plaire.

Page 187, vers 15.

[10] Là fait une attitude, ici des battemens.

Battement, terme de Danse, lorsqu'une jambe frappe sur l'autre.

Ibid. vers 18.

[11] Ses jambes, en dansant, ne sont jamais égales :
La même fait toujours les ronds ou les ovales.

Ronds de jambe, terme de Danse qui indique le mouvement que doit faire une jambe, soit en l'air, ou bien à terre, le corps étant posé sur l'autre jambe.

Ibid. vers 20.

[12] Excédé de fatigue, il disparaît enfin.

J'ai voulu peindre ces *danseurs-machines*, qui dansent sans expression pendant qu'on joue un air, et dont tout le talent consiste dans les jambes.

Page 189, vers 16.

[13] Un danseur m'ennuîra, fût-il plein d'agrément,
S'il replace par-tout le même enchaînement.

Enchaînement, suite de pas liés les uns aux autres, sur une certaine quantité de mesures de musique.

Page 191, vers 8.

14 Des danseurs étrangers, de grossiers baladins,
Vinrent à l'Opéra danser les paladins.

Des danseurs Italiens vinrent à Paris danser dans un opéra intitulé *les Paladins;* leur genre grotesque amusa quelque temps, mais bientôt on s'en dégoûta.

Ibid. vers 11.

15 Le grimacier Slins'byk trouva des amateurs.

Slins'byk, Anglais, vint danser l'anglaise à l'Opéra de Paris dans un acte turc, il y a environ vingt-cinq ans; il eut un succès fou. C'est le danseur le plus étonnant qu'on ait vu dans ce genre : on voulut le voir à la Cour. Il alla à Fontainebleau; il étonna, et bientôt il déplut.

Ibid. vers 12.

16 Et L... en Lapon eut ses approbateurs.

Dans l'opéra d'*Ernelinde*, il y eut un pas de Lapon qui obtint les plus grands applaudissemens. Cette danse est d'un comique bas.

Ibid. vers 18.

17 Que ce genre jamais ne souille votre danse;
Imitez de Vestris la badine élégance.

Auguste Vestris, dans le premier acte du *ballet de*

Pâris, qui est un chef-d'œuvre de composition en Danse, était au-dessus de tout ce qu'on a pu voir comme agréable danseur; il joignait l'adresse et l'expression à la grace la plus parfaite.

Page 193, vers 14.

[18] Sois moelleux sans mollesse et ferme sans roideur.

Lorsque la Danse était dans la plus grande vogue chez les Romains, Lucien, dans son *Traité sur la Danse*, a dit : « Il faut que le danseur ait le corps ferme et » souple tout ensemble ».

Ibid. vers 17.

[19] Que jamais votre corps ne perde son aplomb.

Aplomb, se dit lorsque la tête et les reins sont en ligne perpendiculaire au-dessus de la partie du pied sur laquelle tout le corps est porté.

On peut être en équilibre sans être d'aplomb; mais il n'y a pas d'aplomb sans équilibre.

Ibid. vers 18.

[20] En sautant, imitez le ressort du ballon.

Ballon. On se sert souvent de ce terme, pour exprimer le mouvement d'un danseur, qui lorsqu'il touche la terre bondit moelleusement.

Page 193, vers 20.

21 Dans cet art charmant que le public adore,
C'est par-là que plaisait l'aimable Théodore.

Mlle Théodore (Mad. Dauberval), née à Paris en 1759, morte en 1798.

Elle fut une des plus charmantes danseuses de l'Opéra.

Elle avait dans sa Danse, ce moelleux, ce *ballon,* qui lient si bien la musique et la Danse. Mad. Pérignon, qui lui succéda dans le même genre, eut le plus grand succès. Celle-ci fut remplacée par Mlle Chevigny, si expressive dans la pantomime.

Page 195, vers 1.

22 Avant les premiers ans de l'Opéra françois.

Opéra Français. En 1669, l'abbé Perrin ayant obtenu des lettres-patentes pour l'établissement d'une académie royale de musique, s'associa, pour la musique, avec le sieur Chabert, et pour les machines, avec M. le marquis de Soudiac.

Il fit représenter, sur un théâtre bâti exprès dans le

jeu de paume de l'hôtel Guénégaud, l'opéra de *Pomone*, au mois de mars 1671. Les Danses étaient de la composition de Beauchamps, sur-intendant des ballets du Roi.

« Les spectacles de Danse avaient été formés jus-» qu'alors par les personnes de qualité de la Cour; » l'art, ou pour mieux dire, l'ombre de l'art, ne s'étant » conservée que parmi les gens du monde.

» En formant l'Opéra comme spectacle public, l'on » n'eut pour ressource que quelques maîtres à danser, » dont la science était très-bornée; aussi lorsque Lully » fut à la tête de ce spectacle, en 1672, il donna les » *Fêtes de l'Amour et de Bacchus.* Ses Danses étaient des » fragmens de différens ballets de la Cour. Ce qu'il y » eut de singulier dans son ballet, dont une partie avait » été composée par lui, et l'autre par le sieur Desbrosses, » fut (vu la rareté des bons danseurs) de voir que M. le » grand écuyer, M. le duc de Monmouth, M. le duc » de Villeroy, et M. le marquis de Rossen, y parurent » en public une fois devant le Roi, qui vint voir ce » spectacle; et choisirent pour danser avec eux les sieurs » Beauchamps, Saint-André, Favières et Lapierre ».

Traité historique de la Danse, par Cahuzac, &c. ou Recueil des Opéras, tome 1.

Page 195, vers 5.

[23] BEAUCHAMPS sut le premier en divisant les temps.

BEAUCHAMPS, directeur de l'Académie royale de Danse, compositeur et sur-intendant des ballets du Roi Louis XIV, en 1661, et maître des ballets de l'Académie royale de Musique, en 1671 : mort en 1705.

Il dansait avec le Roi dans les ballets de la Cour.

La critique qu'en fait La Bruyère dans ses *Caractères* (Chap. 3 des Femmes), sous le nom de *Corbus*, sur ce *qu'il jetait les jambes en avant*, *et faisait un tour en l'air avant que de retomber à terre*, nous prouve que de tout temps le public a aimé qu'on l'étonnât. Cependant son genre ordinaire était la Danse grave. Il donna une forme nouvelle à la Chorégraphie, que l'ingénieux Thoinet Arbeau, chanoine de Langres, avait inventée, en 1588.

Ibid. vers 5.

[24] TEMPS, terme de Danse. Un pas est composé d'un ou de plusieurs temps ; le temps est composé de plusieurs mouvemens, et le mouvement est l'action que font les membres ou le corps, pour aller d'une position ou d'une attitude, à une autre.

Les temps sont à la Danse ce que les notes sont à la musique ; ils ont différentes valeurs, suivant la volonté du danseur.

Page 195, vers 9.

25 Pécour, long-temps aimable et cher à la beauté,
Plut par son élégance et sa légèreté.

Pécour, premier danseur et maître des ballets de l'Opéra, débuta en 1674, et mourut en 1729. Son genre était le demi-caractère. La Bruyère en fait aussi la critique dans son chapitre 3 (des Femmes) sur ce *qu'il leur tournait la tête par sa légèreté.* Il est désigné dans ce chapitre, sous le nom de Bathyle. L'anecdote suivante appuie la critique du philosophe.

Le comte de Chois..., depuis maréchal de France, fut un des amans de la célèbre Ninon. Il ne put lui inspirer d'autres sentimens que ceux de l'estime.

« C'est un très-digne seigneur, disoit-elle de lui, mais » il ne donne jamais envie de l'aimer ».

Elle avait alors du goût pour Pécour, célèbre danseur. Les visites qu'il lui rendait devinrent suspectes au comte de Chois... Il le rencontra un jour chez elle : Pécour avait un habit équivoque, assez ressemblant à un uniforme. Le Comte lui demanda d'un ton railleur, dans quel corps il servait ? Pécour lui répondit : « Je » commande un corps où vous servez depuis long- » temps ».

Mémoires de Ninon de Lenclos.

Page 195, vers 11.

[26] BLONDI le surpassa. &c.

Entre Pécour et Dupré, on vit briller dans cet art Blondi, neveu de Beauchamps, et Ballon, qui fut maître à danser de Louis XV. Bandiéry-Laval, neveu de Ballon, succéda à son oncle dans l'emploi de maître à danser des Enfans de France, et de maître des ballets de la Cour. Son fils Michel-Jean Bandiéry-Laval, outre ces deux emplois, eut encore celui de maître des ballets de l'Opéra. Il déploya dans cette place différens talens : et c'est à lui qu'est due l'ingénieuse invention des feux de théâtre, avec le lycopodium.

Ibid. vers 12.

[27] . . . . Tout en suivant ses traces,
Le grand DUPRÉ bientôt déploya plus de graces.

LOUIS-PIERRE DUPRÉ, connu sous le nom de *Grand Dupré*, surpassa tous ses prédécesseurs par sa grace, la gravité de sa Danse, et la noblesse de ses attitudes. Sa taille était de cinq pieds sept à huit pouces; il fut très-long-temps premier danseur de l'Opéra. Entré en 1720, il se retira en 1754. Cahusac en fait le plus grand éloge, ainsi que Dorat, dans son chant sur la Danse, du *poëme de la Déclamation.*

Page 195, vers 15.

[28] Le beau VESTRIS, trente ans formé sur ces modèles.

GAETAN VESTRIS, né à Florence, avait quatre frères; et pour le distinguer des autres, souvent on le nommait le *Beau Vestris.* C'est le père d'Auguste Vestris. Il fut, trente-trois ans, premier danseur à l'Opéra; il y débuta en 1748; taille élégante d'à-peu-près cinq pieds six pouces; bel homme, jambe fine, figure noble et très-expressive.

On l'appelait avec raison *le Dieu de la Danse;* nul danseur n'eut plus de graces. Il quitta le théâtre en 1781 : il y reparut par intervalles en 1795, 1799 et 1800. C'est à cette dernière apparition (époque à laquelle je m'occupais de cet ouvrage) qu'on pouvait dire de lui :

Dans son vieux genre encore a des graces nouvelles.

Page 195, vers 19.

29 Son fils qui le suivit par une autre méthode, &c.

Auguste Vestris, fils de Gaëtan Vestris, débuta en 1774. Il est d'une moyenne taille, très-vigoureux ; son genre est le gracieux ou demi-caractère. Il y a quelquefois joint le genre comique, vu son adresse et sa vivacité. Excellent pantomime, charmant danseur.

Page 197, vers 5.

30 Dans les pâtres, Lany fut le premier en France

Lany entra à l'Opéra en 1750 ; il s'est retiré en 1769. Il fut premier danseur dans le genre des pâtres ou genre comique, et maître des ballets. Petite taille d'environ cinq pieds, épaules larges, jambes fortes, très-vigoureux ; beaucoup de précision ; très-correct. Il fut le maître de Maximilien Gardel et de Dauberval.

Ibid, vers 14.

31 Gardel et Dauberval, il fut votre modèle.

Maximilien-Philippe Gardel (frère aîné de Pierre Gardel, actuellement maitre des ballets de l'Opéra), né à Munich, premier danseur de l'Opéra, en partage avec

Vestris père. Il a été maître des ballets de l'Opéra et de la Cour. On lui doit beaucoup de ballets charmans, et des élèves distingués. Taille de cinq pieds cinq pouces; bien fait, *mais fortement*. Entré à l'Opéra en 1760, il périt par un fatal accident, en 1787.

DAUBERVAL, premier danseur à l'Opéra dans le genre demi-caractère et comique. Talent parfait; léger, adroit, expressif, excellent pantomime; il fut maître des ballets pendant quelques années, avec Gardel l'aîné; entré en 1760, il se retira en 1784, pour aller exercer ses talens à Bordeaux. C'est un des plus grands talens qu'on ait vus dans son art. On peut dire que sa Danse était spirituelle. Il charma tout Paris, sans jamais faire un tour de force.

Page 197, vers 17.

32 Sur-tout qu'en chaque pas, la grace révérée,
Dans vos plus grands excès, vous soit toujours sacrée.

GRACE, comme terme de Danse, est un point de perfection, qui devrait être le but de toutes les personnes qui professent cet art.

La grace est presqu'impossible à définir; on peut cependant la distinguer en trois manières différentes:

1°. Grace de formes.

2°. Grace d'attitude ou de position.

3°. Grace de mouvemens.

La première nous est donnée par la nature ; elle est très-rare.

La deuxième peut s'acquérir par le travail et l'attention, guidés par le bon goût.

La troisième dépend d'une souplesse égale répandue dans tout le corps, et qui tienne le juste milieu entre la roideur et la mollesse ; mais pour guider tout cela, il faut une ame.

Les graces sont ce *je ne sais quoi* que la nature donne à bien peu de monde.

Page 199, vers 10.

33 Hâtez-vous lentement ; et sans perdre courage,
Vingt fois dans le miroir, regardez votre ouvrage.

Rien n'est plus nécessaire à un danseur, que de s'exercer devant une glace. Sans elle, il lui est impossible de bien juger ce qu'il fait : il serait comme un chanteur qui se boucherait les oreilles, pour s'exercer dans son art.

Page 199, vers 19.

34 N'allez pas nuit et jour vous exercer d'abord :
Un arc toujours tendu perd bientôt son ressort.

Plusieurs jeunes danseurs et danseuses se sont énervés par un trop grand travail ; la jeune Chameroy, entre autres, belle, grande, bien faite et d'un talent parfait, a succombé en 1803, à la fleur de son âge, aux violens exercices de la Danse. Une femme doit éviter de danser comme un homme.

NOTES

DU SECOND CHANT.

Page 203, vers 4.

[1] SUCCÉDANT aux tournois, la Danse encor grossière,
Chez nos rois, à Paris, y monta la première.

« La mort tragique de Henri II ayant fait perdre en » France le goût des tournois, les grands ballets, les » mascarades et les bals furent l'unique ressource de la » gaîté française ».

CAHUZAC, Traité historique de la Danse.

Ibid. vers 6.

[2] Lorsque Circé parut, en ce ballet pompeux,
Aux yeux de Médicis offert par BEAUJOYEUX.

« Le dimanche 15 octobre 1581, festin de la Reine » dans le Louvre, et après le festin, le *Ballet de Circé et* » *de ses Nymphes* ».

Mémoires de l'Étoile, tome premier, p. 150.

Ce ballet, dans lequel la Reine, femme de Henri III,

la princesse de Lorraine, les duchesses de Mercœur, de Guise, de Nevers, d'Aumale, de Joyeuse, et autres dames et demoiselles, dansaient sous la figure de Nayades, &c. fut représenté au Louvre dans la grande salle de Bourbon; il dura depuis dix heures du soir jusqu'à trois heures et demie après minuit, et contenait trois parties ou trois actes. *Voyez* le détail dans l'*Essai sur la Musique*, par M. DE LA BORDE, tome premier, p. 119.

BALTHAZAR DE BEAUJOYEUX, valet-de-chambre de Catherine de Médicis, en fut l'inventeur. C'était un des meilleurs violons de l'Europe. Il se rendit si illustre à la Cour, par ses inventions de ballets, de musique, de fêtes et de représentations, qu'on ne parlait que de lui.

Recherches sur les Théâtres de France, tome 3, p. 30. — Histoire de l'Opéra, page 13.

Un poète de la Cour de Henri III fit ces vers à sa louange.

BEAUJOYEUX qui premier des cendres de la Grèce
Fait retourner au jour le dessein et l'adresse,
Du ballet composé, en son tour mesuré,
Qui d'un esprit divin toi-même te devance,
Géomètre inventif unique en ta science,
Si rien d'honneur s'acquiert, le tien est assuré.

Des Représentations en musique, p. 271.

Page 203, vers 9.

[3] Après neuf fois vingt ans, les joyeux *tricotets*,
Et le pas d'Henri quatre ont orné nos ballets.

Tricotets ; Danse ancienne que dansait souvent Henri IV. Elle est composée de quatre couplets, sur des airs différens ; le dernier est l'air : *Vive Henri quatre*, &c.

Pas d'Henri quatre. On nomme ainsi un trépignement de pieds qu'Henri quatre faisait, en dansant la fin du dernier couplet des tricotets, et qui marque exactement la valeur de cinq syllabes *de boire et de battre*. Ce piétinement, quoique fort simple, fait grand effet, quand il est exécuté avec précision par tout un quadrille.

Gardel l'aîné plaça cette Danse dans le ballet de *Ninette à la Cour* en 1780 : elle eut le plus grand succès.

Ibid. vers 12.

[4] Ce roi si valeureux, si chéri de la France,
Et le grave Sully se plaisaient à la Danse.

Sully raconte dans ses Mémoires le fait suivant, en parlant de Madame, sœur du Roi. « Elle eut la bonté de » m'apprendre elle-même le pas d'un ballet qui fut exé- » cuté avec beaucoup de magnificence ». La Danse fut un des amusemens favoris de Henri IV. On trouve dans les *Mémoires de la Cour* de ce temps, qu'on y exécuta, depuis 1589 jusqu'en 1610, cent vingt-deux ballets, dont plus de quatre-vingts étaient de grands ballets dans plusieurs desquels ce Roi dansa.

CAHUZAC, Traité de la Danse. — *Voyez* les Recherches sur les Théâtres par BEAUCHAMPS, et le Journal de l'*Etoile*.

Page 203, vers 14.

5 David, le roi David, ce guerrier patriarche,
Une harpe à la main, a dansé devant l'arche.

DAVID, revêtu d'un éphod de lin, dansait devant l'arche.

Livre des Rois, chap. 6.

Page 205, vers 1.

6 Athène a vu Socrate, et Rome a vu Caton.

SOCRATE est loué par les philosophes qui ont vécu après lui, de ce qu'il dansait comme un autre dans les bals de cérémonies d'Athènes; il tenait à honneur d'y exécuter les Danses qu'il avait apprises de la belle Aspasie.

Traité de la Danse ancienne, par CAHUZAC, tome premier, chap. 3.

Socrate, le plus sage de tous les hommes, au jugement des dieux même, n'a pas seulement loué la Danse comme une chose qui sert à donner de la grace ; mais il a voulu l'apprendre en sa vieillesse, tant il admirait cet exercice.

Traité de la Danse, dialogue de Lucien.

Caton, le plus sévère des Romains, à l'age de soixante ans, crut devoir se faire recorder ses Danses, afin de paraître moins gauche dans un bal de Rome.

Traité historique de la Danse par Cahusac, tome premier, chap. 3.

Page 205, vers 5.

7 Dans ces ballets brillans que la France admirait,
Entouré de sa cour, lui-même il figurait.

Le spectacle public de l'Opéra n'existait pas encore. Louis xiv aimait beaucoup la Danse théatrale, et depuis son enfance jusqu'à l'âge de trente-un ans, il dansa dans des grands ballets et dans les divertissemens de comédies qu'il faisait représenter dans son palais.

Non compris les bals solennels et les bals ordinaires, le roi Louis xiv dansa vingt-sept grands ballets. Le premier fut exécuté au palais Cardinal, présentement le palais Royal, le 26 février 1651, et le dernier était le ballet de *Flore*, dansé à Saint-Germain le 13 février 1669. Dans le nombre de ces ballets, le Roi en dansa un dont le sujet était *Psyché* ou *la Puissance de l'Amour*, en deux parties à vingt-quatre entrées, exécuté au Louvre en 1656.

Copie d'une liste des Danseurs de la Cour de France, dont j'ai le manuscrit original entre les mains, intitulé ainsi :

ÉTAT *des Sujets* de la Danse employés aux fêtes de la Cour à Fontainebleau, en l'année 1664.

Le roi Louis XIV.	La Reine.
Monsieur.	Madame la comtesse de Soissons.
M. le duc de Guise.	Mademoiselle de Nemours.
M. le comte d'Armagnac.	Madame la duchesse de Foix.
M. le duc de Sully.	Madame la duchesse de Sully.
M. le duc de Saint-Aignan.	Madame la duchesse de Créqui.
M. le marquis de Villequier.	Madame la duchesse de Luynes.
M. le marquis de Villeroy.	Madame la marquise de Villequier.
M. le comte de Conore.	Madame la marquise de Vibray.
M. le marquis de Rassan.	Madame de Montespan.
M. le marquis de Saucourt.	
M. le marquis de Genlis.	
M. le comte de Lude.	

Messieurs

De Souville.	Desbrosses.
Cabout.	De Sonnets.
Laleu.	De Gant.
De Verpré.	Deserres.
Brunod.	De Lorges.
De la Laude.	Balthazar.
De Beauchamps [1].	Deserres, cadet.
De Lully [2].	Magny.
Molière [3].	Mançot.
Bontemps.	Mercier.
L'Heureux.	Noblet.
Dupiles.	Chicamecour.
Reinal.	Deserres 3ᵉ.
La Marre.	Dufeu.
Dolivet.	Paysan.
Lechantre.	Bernard.

Enfans.

Baumont.	Servier.
Paul.	Delorges.
Deserres, fils.	

Mesdemlles

De Montausier.
D'Elbeuf.
D'Arquien [4].
De Pons.
D'Aumale.
De Brancas.
De Grancey.
De Castellaud.
De Caraman.
De Lamotte.
De Sévigné [5].
D'Ardennes.
De Verpré.

Jeunes Demlles.

Château d'Acier.
De Cambray.
De Lavallée.
De Monctllor.
De Riberat.

Chanteurs.

Le Gros.
Floridor.
Blondel.

Chanteuses.

De Montfleury.
Allaire.
La signora Anna.

Instrumens.

Desgoutreux.	Hugé.
Allais.	Pieshe.
Charlot.	Marchand.
Lapierre.	Lacaisse.
Lepeintre.	Guerin.
Huguenet.	Destouches.
Leroux, aîné.	Nicolas Obterre.
Besson.	Lafontaine.
M. Obterre.	Brouard.
F. Obterre.	Leroux, cadet.
Larivière.	Allaix.
Magny.	

1 Maître des ballets du Roi.

2 Surintendant de la Musique.

3 Le fameux Molière.

4 Depuis reine de Pologne.

5 Qui fut par la suite madame de Grignan.

Page 205, vers 8.

> ⁸ On a vu ce héros, à la fleur de son âge,
> D'un masque sérieux habillant son visage.

Tous les ballets à la Cour de Louis XIV s'exécutaient sous le masque. Il y avait des masques selon les genres de Danse, sérieux ou nobles, galans, comiques, &c. Cet usage fut conservé à l'Opéra, pendant plus d'un siècle. Ce fut Gardel l'aîné qui le premier dansa à visage découvert, en 1766. Cette nouveauté déplut à la plus grande partie des spectateurs : cependant on s'y accoutuma, au point que deux ans après, Gaëtan Vestris, ayant été engagé par les principaux seigneurs de la Cour à remettre le masque, le public trouva aussi ridicule de voir danser masqué, qu'il avait trouvé singulier, deux ans avant, de voir danser à visage découvert.

« En Espagne, les moines mettaient des *masques* et » dansaient dans l'église en plusieurs fêtes solennelles ».

Dictionnaire de Trévoux.

Ibid. vers 9.

> ⁹ Sur les ais d'un théâtre au palais exhaussé.

J'ai vu plus de cent ans après, au palais des Tuileries, ce théâtre où avait dansé Louis XIV et ensuite Louis XV.

On avait abattu le théâtre seulement, pour y faire une salle d'Opéra, lors du premier incendie de ce spectacle, rue Saint-Honoré en 1763. Mais on avait conservé la partie qui servait aux spectateurs, laquelle était très-remarquable, par les sculptures et peintures précieuses qu'elle contenait. La Comédie Française y joua pendant plusieurs années. Ce ne fut qu'en 1793 qu'on abattit le tout, pour y construire une salle où s'assembla la convention nationale.

Page 205, vers 12.

10 Sous les habits d'un dieu danser seul à Versaille,
En pas majestueux, la grave Passacaille.

Passacaille, ancien terme de musique. Nom qui désigne un air très-lent, à trois temps. Jadis on se servait de ces noms pour indiquer le mouvement et le caractère de l'air.

La Passacaille était une Danse très-grave, à une seule personne.

Ibid. vers 15.

11 Cet art que les bigots ont taxé d'infamie.

Voyez le procès des Danses débattu entre Philippe Vincent, &c. et les Jésuites, imprimé à la Rochelle en 1646.

Page 205, vers 16.

12 S'éleva tout-à-coup au rang d'Académie.

L'Académie Royale de Danse, établie par Louis XIV au mois de mars 1661, en vertu de lettres-patentes qui furent enregistrées au parlement le 30 mars 1662. Ce fut la deuxième Académie établie en France.

La raison pour laquelle Louis XIV établit cette Académie est assez curieuse. Ce trait historique fait voir que les gens de qualité seuls exerçaient cet art pour leur amusement, et qu'on ne connaissait à la Cour aucun autre spectacle que les *grands ballets*, lesquels étaient, depuis nombre d'années, exécutés par les princes, princesses, seigneurs et quelques personnes de la suite de la Cour, les tournois étant fort rares, depuis l'accident fatal arrivé, en 1559, à Henri II.

Voici des fragmens de ces lettres-patentes données à Paris en mars 1661; elles s'expriment ainsi:

« Louis, par la grace de Dieu, &c.

» Bien que l'art de la Danse ait toujours été reconnu » l'un des plus honnêtes et des plus nécessaires à former » le corps, et lui donner les premières et les plus natu- » relles dispositions à toute sorte d'exercices, et entre

» autres à ceux des armes, et par conséquent l'un des » plus avantageux et plus utiles à notre noblesse et autres » qui ont l'honneur de nous approcher, non-seulement » en temps de guerre dans nos armées, mais même en » temps de paix dans les divertissemens de nos ballets ; » néanmoins il s'est, pendant les désordres et la confusion » des dernières guerres, introduit dans ledit art, comme » en tous les autres, un si grand nombre d'abus capables » de les porter à leur ruine irréparable, &c.

» ...... Beaucoup d'ignorans ont tâché de la défigurer » et de la corrompre en la personne de la plus grande » partie des gens de qualité.... Ce qui fait que nous en » voyons peu dans notre Cour et suite, capables et en » état d'entrer dans nos ballets, quelque dessein que » nous eussions de les y appeler. A quoi étant nécessaire » de pourvoir, et desirant rétablir ledit art dans sa per- » fection et l'augmenter autant que faire se pourra ; » nous avons jugé à propos d'établir dans notre bonne » ville de Paris une Académie royale de Danse composée » de treize des plus expérimentés dudit art, &c.

SAVOIR :

MM. Galand du Désert, maître à danser de la Reine.
Prévôt, maître à danser du Roi.
Jean Renaud, maître à danser de Monsieur, frère du Roi.

MM. Guillaume Raynal, maître à danser de Mgr le Dauphin.
Guillaume Guéru.
Hilaire Dolivet.
Bernard de Manthe.
Jean Raynal.
Nicolas de Lorge.
Guillaume Renaud.
Jean Piquet.
Florent Galand du Désert.
Jean de Grigny.

Page 205, vers 17.

13 Et même on reconnut au sein du parlement,
La Danse théatrale un noble amusement.

Par ces lettres-patentes enregistrées au parlement, ces académiciens jouissaient de tous les droits des officiers commensaux de la maison du roi.

La Danse Théatrale, ainsi dénommée, pour la distinguer de la Danse de société qu'on appelle vulgairement Danse de ville.

Ibid. vers 20.

14 D'un trait de cette Danse en graces si fertile,
Le Français né léger fit la Danse de ville.

Danse de Ville, est celle qu'on exécute au bal.

Page 207, vers 2.

15 Plein de grace et d'ardeur, le jeune adolescent
Vole de bal en bal, et triomphe en dansant.

L'usage des bals est établi dans l'antiquité la plus reculée.

« La Danse simple, qui ne demande que quelques » pas, et les graces que donne la bonne éducation, » suffisent pour faire le fond de ces sortes de spectacles; » et dans les occasions solennelles, il est d'une ressource » aisée pour suppléer au défaut d'imagination.

« Lorsque Louis XII voulut montrer toute la dignité » de son rang à la ville de Milan, il ordonna un bal so- » lennel où toute la noblesse fut invitée. Le Roi en fit » l'ouverture; les Cardinaux de Saint-Severin et de Nar- » bonne y dansèrent; les Dames les plus aimables y firent » éclater leur goût, leurs richesses et leurs graces.

» En 1562, pendant la tenue du concile de Trente, le » cardinal Hercule de Mantoue, qui y présidait, en » assembla les Pères, pour déterminer la manière dont » le fils de l'empereur Charles-Quint y serait reçu. Un » bal de cérémonie y fut délibéré à la pluralité des voix. » Après un grand festin, le cardinal de Mantoue ouvrit

» le bal où le roi Philippe et tous les Pères du concile » dansèrent avec autant de modestie que de dignité ».

Traité de la Danse ancienne et moderne, par CAHUSAC.

Page 207, vers 5.

16 Le grave Menuet fut en vogue autrefois.

Le MENUET est une Danse grave, qui s'exécute à deux.

Le pas de menuet est composé de deux pas coulés et de deux pas marchés; ces quatre mouvemens se font pendant la valeur de deux mesures d'un air à trois temps. Le premier pas emploie la valeur entière de la première mesure, et les autres se font pendant la deuxième. Cette manière de danser s'appelle terre à terre, parce que l'on ne saute pas.

Marcel disait : « Le menuet est une Danse froide, » mais nécessaire à l'éducation; lorsqu'un homme Danse » bien le menuet, il a des graces dans tout ce qu'il fait ».

Page 209, vers 4.

17 Que de choses Marcel vit dans un Menuet!

MARCEL, célèbre maître à danser de Paris, mort en 1759. Il était singulier par la ridicule importance qu'il mettait à son art. On le vit un jour la main appuyée sur le front, l'œil fixe, le corps immobile et dans l'attitude d'une méditation profonde, s'écrier tout à coup, en voyant danser son écolière : *Que de choses dans un menuet !*

« A la démarche, à l'habitude du corps, il prétendait » connaître le caractère d'un homme, » &c.

Helvétius, de l'Esprit; Discours 11, chapitre premier.

Un danseur anglais, fort célèbre, arrive à Paris, descend chez Marcel. Je viens, lui dit-il, vous rendre un hommage que vous doivent tous les gens de notre art. Souffrez que je Danse devant vous, et que je profite de vos conseils. Volontiers, dit Marcel. L'Anglais fit des pas très-difficiles et mille entrechats. Marcel le regarde, et s'écrie tout à coup : « Monsieur, l'on saute dans les » autres pays; mais on ne Danse qu'à Paris ».

Helvétius, de l'Esprit; Discours 4, chapitre 15.

Page 209, vers 6.

[18] Laissant le Menuet, orna la Contredanse.

Contredanse ; Danse de société dont la mesure est à deux temps. On saute deux fois par mesure. C'est un quadrille de huit personnes, quatre hommes et quatre femmes. Jadis on y formait différentes figures de ballets, et les pas étaient fort simples, mais bientôt on y admit des pas *seuls* ou par écho; alors le danseur chercha à s'y distinguer par sa grace, ensuite par sa légèreté. L'abus amena les difficultés, et les tours de force prirent la place de la grace et de l'aimable gaîté.

Page 209, vers 14.

[19] La Walse aux mille tours, la piétinante Anglaisè,

WALSE; Danse suisse, air à trois temps. Son pas tient la valeur de deux mesures; il se fait en pirouettant deux à deux et parcourant un cercle autour de la salle. Cette Danse est sans nulle combinaison; c'est l'art en enfance. Quand son rhythme est à deux temps, on la nomme sauteuse.

ANGLAISE. L'air est à deux temps très-vifs. Cette Danse s'exécute sur deux colonnes parallèles, une d'hommes et une de femmes; elle se commence à deux, puis quatre, six, huit, et dix, &c. autant qu'on veut. Son pas ne tient qu'une mesure. Mais lorsque les Anglais brodent cette Danse, ils frappent la terre du talon et de la pointe alternativement; ils ont beaucoup de pas compliqués dans ce genre, qui ressemble un peu à la cosaque.

Page 209, vers 15.

20 La boiteuse Allemande, entrelaçant les bras,
L'emporta quelque temps sur les plus brillans pas.

Il est des Danses allemandes qu'on nomme *boiteuses* ; l'air est à trois temps vifs ; mais en général, l'allemande est à deux temps moins vifs que l'anglaise, et plus vifs que la contredanse française. Son pas est simple, il ne tient qu'une mesure. Cette Danse est très-agréable, lorsqu'en la dansant on fait avec les bras des passes qui amènent d'aimables tableaux. Elle fut pendant plusieurs années à la mode; mais bientôt le mauvais goût et l'indécence la firent bannir de la bonne compagnie.

Ibid. vers 19.

21 Le bruyant Fandago, la vive Provençale.

Fandago ; Danse espagnole, qui s'exécute en jouant des castagnettes ; elle est fort animée et très-brillante, ainsi que le boléro.

Provençale ; Danse de Provence, gaie, vive et charmante, air à deux temps. Elle s'exécute au son du flageolet et au bruit du tambourin.

Page 209, vers 20.

[22] Ou du Basque léger on imita les sauts.

Saut de Basque, *pas sauté en tournant*, qu'on place dans les contredanses françaises en le faisant terre à terre. Le Basque est fort leste; il saute très-haut, en faisant ce pas.

Ibid. vers 21.

[23] Du grimacier Cosaque on eut la fantaisie.

Cosaque; Danse triviale de Pologne. C'est un composé de grimaces; le danseur s'assied presque sur les talons; cependant on l'ennoblit un peu en la polissant, c'est-à-dire, en ne chargeant pas les mouvemens.

Ibid. vers 22.

[24] Et le pas trop lascif de la froide Russie.

Pas Russe; Danse que le peuple Russe exécute avec trivialité et dont il outre l'expression, jusqu'à la plus grande indécence. Je l'ai refaite avec Gardel l'aîné pour le divertissement d'une pièce que j'avais composée pour la Cour en 1785. Elle est remplie de graces, quand elle est dansée simplement. Elle eut le plus grand succès.

Depuis, on l'a placée dans différens divertissemens d'opéra. Elle fut dansée quelquefois au bal.

Page 213, vers 3.

[25] Voûtés, arqués, cagneux, jambes torses ou grêles.

VOUTÉS, c'est lorsque le dos se courbe.

ARQUÉS, jambe qui creuse en dehors.

CAGNEUX, genoux tournés en dedans.

NOTES

DU TROISIÈME CHANT.

Page 219, vers 4.

[1] De l'ode, la Chaconne a l'éclat, l'énergie.

CHACONNE, terme de musique et de danse. Cet air est à trois temps, un peu vif; en général, il ne commence qu'au deuxième temps.

FLOQUET fit la première Chaconne à deux temps dans le second acte de l'*Union de l'Amour et des Arts*.

La Chaconne est un très-grand air composé de rondeaux et couplets, mineur, majeur, crescendo, &c. Il prête singulièrement bien à la Danse noble ou grave. La Chaconne est en Danse ce qu'est un concerto en musique pour les solo, quatuors et chœurs.

Ibid. vers 7.

[2] Aux lutteurs, en Aulide, elle ouvre la barrière.

Dans le second acte de l'opéra d'*Iphigénie en Aulide*,

c'est sur un air de Chaconne que se fait la lutte de la Danse.

Page 219, vers 10.

3 Vit briller long-temps le premier des VESTRIS.

GAETAN VESTRIS, père d'AUGUSTE VESTRIS, obtint pendant trente ans le plus grand succès dans cette sorte de Danse, qui n'exige pas de tours de force, mais de l'adresse et beaucoup de graces.

Ibid. vers 12.

4 Qui peut mieux qu'elle enfin couronner un ouvrage?

Presque tous les grands opéras étant terminés par une fête, la Chaconne qui se compose d'une longue suite de phrases de musique, variée et chantante, donnait au maître de ballet la facilité de dessiner divers tableaux, groupes, &c.; et aux danseurs *seuls* de briller par les graces, la précision et l'adresse.

C'est le bouquet du feu d'artifice.

Page 221, vers 7.

5 La Danse pastorale amuse, flatte, éveille.

Le genre des bergers est un des plus aimables en Danse; il prête à la grace et tient le milieu entre la Danse grave, qui presque toujours est froide ; et le genre comique, qui tombe souvent dans le grotesque.

Ce genre exige des danseurs de moyenne taille, minces et bien faits.

Page 221, vers 13.

6 Ainsi dans ce ballet qui charma tout Paris.

Les Caprices de Galatée, ballet charmant, composé par M. NOVERRE, exécuté par mademoiselle GUIMARD et M. PIC. *Voyez* la note 4 du premier chant.

> » ...... Un baiser cueilli sur les lèvres d'Iris,
> » Qui mollement résiste, et par un doux caprice
> » Quelquefois le refuse, afin qu'on lui ravisse.

Ces trois vers de Boileau donnèrent à M. Noverre l'idée de faire un ballet sur ce sujet. Il obtint un très-grand succès à Paris en 1778.

Page 223, vers 1.

7 Toi qui traças Mirza, la Rosière, Ninette.

Ballets de la composition de Gardel l'aîné, ainsi que l'*Oracle*, la *Chercheuse d'esprit*, le *Déserteur*, le *Premier Navigateur*, la *Rosière*, le *Coq du village*, et beaucoup d'autres ouvrages, marqués au cachet du bon goût.

Tout à-la-fois danseur, musicien, poëte.

Il était excellent musicien, pinçant fort bien de la harpe, jouant très-bien du violon ; il composa beaucoup d'airs de Danse, entre autres, une fort belle chaconne qui eut un grand succès à l'Opéra.

Ingénieux GARDEL, mon maître et mon ami,
Combien, en te perdant, Terpsicore a gémi!

Voyez la note 31 du premier Chant.

Page 223, vers 5.

8 Le léger passe-pied doit voler terre à terre.

PASSE-PIED ; air à trois temps. C'est une espèce de menuet très-vif. M. Noverre peint à merveille le passe-pied, en disant que *Mademoiselle Prevost le courait avec grace.*

Ibid. vers 8.

9 LE FLEURET, pas de Danse qu'on place souvent dans le passe-pied, et qui a quelque chose de ressemblant au ricochet.

Ibid. vers 13.

10 Telle GUIMARD, pour plaire imitant la nature,
Semble avoir de Vénus dérobé la ceinture.

Mademoiselle GUIMARD (Mad. DESPRÉAUX), débuta

à l'Opéra en 1763, et demanda sa retraite en 1789. Pendant cette longue carrière, elle obtint un succès continuel. Nulle femme n'eut plus de graces. La nature l'avait douée de toutes les qualités nécessaires, pour atteindre à la perfection. Délicatesse de formes, souplesse, adresse, sentiment expressif que l'ame seule peut donner. Son genre de Danse terre à terre charmait généralement. Personne ne joua mieux la pantomime, et dans les rôles qui voulaient une sorte de *gaucherie* comme dans la *Chercheuse d'esprit*, ou *Ninette à la Cour*, elle rappelait les deux vers par lesquels Ovide peint Vénus boitant avec grace, pour contrefaire son mari :

> Marte palam simulat Vulcanum imitata, decebat;
> Multaque cum formâ, gratia mixta fuit.
>
> OVIDE, de Arte amandi.

Les gestes, les manières, les actions d'une femme aimable ont des graces infinies. *Quelque chose qu'elle fasse*, dit Tibulle, *de quelque côté qu'elle porte ses pas, les graces composent ses mouvemens sans qu'elle s'en doute, et la suivent par-tout.*

> Illam quidquid agit, quoquò vestigia vertit,
> Componit furtim, subsequiturque decor.
>
> TIBULLE, liv. 4.

Page 225, vers 4.

[11] Faut-il peindre une *nymphe* et l'amant qui l'agace.

Voltaire s'exprime ainsi dans des vers à Mademoiselle *Sallé*, célèbre danseuse, en la comparant à Mademoiselle *Camargo.*

Ah ! Camargo, que vous êtes brillante !
Mais que Sallé, grands dieux ! est ravissante !
Que vos pas sont légers et que les siens sont doux !
Elle est inimitable, et vous êtes nouvelle.
Les nymphes sautent comme vous
Et les Graces dansent comme elle.

Ibid. vers 7.

[12] Et vous que la nature a fait pour le comique.

Le comique est le troisième genre de Danse ; il exige une taille courte et vigoureuse. Comme cette forme donne plus d'agilité, cette Danse est plus gaie, plus surprenante, et, en général, plaît davantage au public.

Mademoiselle Allard fut très-renommée dans ce genre. Elle entra à l'Opéra en 1760, et se retira en 1777 ; elle était d'une moyenne taille, fort grasse, très-vive, légère, c'était un talent charmant : elle dansait toujours avec Dauberval. Ils exécutèrent ensemble le premier pas de *deux* en action dans *Silvie*, opéra de M. Laujon, donné en 1776.

Dauberval avoit succédé à Lany dans le genre comique. A Dauberval, succéda Auguste Vestris. Ce même genre est aujourd'hui dansé aussi par le jeune Duport, talent brillant, qui fait dans ce moment le charme de l'Opéra.

Page 225, vers 9.

[13] A la belle SAULNIER, à la svelte MILLER,
Laissez ces pas savans que commande un grand air.

Mademoiselle SAULNIER débuta à l'Opéra en 1785. Elle joignoit à une superbe figure, une taille majestueuse. Ce fut elle qui joua la première le role de Calypso dans le charmant ballet de *Télémaque*, et celui de Vénus dans *Psyché* et dans *Pâris* : elle ne laissait rien à desirer. Mademoiselle Saulnier se retira du théâtre en 1794.

Ibid.

[14] Mademoiselle MILLER (Mad. GARDEL) parut pour la première fois à l'Opéra en 1786. Sa taille svelte et légère lui permet de réunir le genre sérieux et le demi-caractère. On n'a rien vu de plus parfait en Danse, pour l'exécution, la correction et la vivacité.

Page 225, vers 16.

[15] Naguères de Stutgard nous vinrent les pirouettes.

Certainement on pirouettait avant cette époque. Mais ce fut en 1766, que Mademoiselle Heinel et un jeune danseur nommé Ferville, vinrent de Stutgard débuter à Paris. Ils étonnaient tant par cette nouveauté, que tous les autres danseurs les imitèrent et même les surpassèrent.

Mademoiselle Heinel épousa Gaëtan Vestris. Entrée à l'Opéra en 1766, elle se retira du théâtre en 1780. Son genre de Danse était noble et sérieux : sa taille grande et svelte lui donnait de l'élégance. Ce fut un talent parfait en Danse, ainsi qu'en pantomime : elle était élève de Lépi, qui lui enseigna son art à Stutgard, lorsque le duc de Virtemberg avait un des plus beaux spectacles en Danse qu'on ait vus en Europe.

Page 227, vers 8.

[16] Fidèle à la pirouette encor plus qu'à sa belle.

La foule des spectateurs aime qu'on l'étonne. Les pirouettes ont succédé aux équilibres. Jadis nos danseurs les plus célèbres, au milieu des Danses les plus graves, s'arrêtaient en équilibre sur la pointe d'un pied, pendant dix à douze mesures; ils pouvaient prendre pour patron S. Siméon Stylite qui resta quarante ans sur une jambe.

Les religieux turcs surpassent de beaucoup nos fameux tourneurs, dans la Danse du moulinet qu'ils exécutent pour célébrer la fête de *Ménélaüs* leur fondateur, qui tourna en dansant pendant quatorze jours sans se donner aucun relâche, au son de la flûte de *Hansé*, son compagnon.

Page 229, vers 3.

17 Malgré tous les bravos d'un aveugle parterre,
Ne passez pas le but, la Danse est l'art de plaire.

Voilà ce qu'un philosophe anglais écrivait sur la Danse, il y a près d'un siècle, c'est-à-dire en 1711.

...... Comme l'art imite la nature, on peut dire que la Danse l'imite à l'égard de la plus haute perfection et lorsqu'elle est la plus charmante. Le but de la Danse tend à relever la beauté; et c'est pour cela que toutes les contorsions et les postures grotesques causent plutôt de la peine qu'elles ne donnent du plaisir : mais tout ce qui est excellent en soi-même est toujours exposé à la contrefaction et à l'imposture. Si l'on voit dans la poésie des esprits lourds et laborieux, qui s'occupent à fabriquer des anagrammes et des acrostiches, on trouve aussi de prétendus danseurs, qui s'imaginent en savoir plus que tout le monde parce qu'ils font des sauts extraordinaires.... La manière dont on danse sur nos théâtres est très-fautive à cet égard, &c.

Spectateur Anglais, tome 5, discours XII, édition de 1731.

NOTES

DU QUATRIÈME CHANT.

Page 233, vers 5.

[1] MAIS laissons CAHUSAC raconter ces vieux faits :
Des ballets d'action démontrons les effets.

CAHUSAC, auteur du *Traité historique de la Danse ancienne et moderne*, trois volumes.

Voyez aussi l'abbé Dubos à la suite de ses *Réflexions sur la Poésie et la Peinture ; le Traité de la Danse par Lucien*, deuxième dialogue ; et *des Ballets anciens et modernes* par le père Ménétrier, jésuite.

Ibid. vers 8.

[2] Le geste fut toujours l'universel langage.

Le geste indique la volonté, le desir ou le besoin. Il y a trois sortes de gestes ; 1°. le *naturel*, 2°. d'*imitation*, 3°. de *convention*, que l'abbé Dubos nomme *geste d'institution*.

Le geste *naturel* indique le présent ; par le geste d'*imitation* on indique le passé, tel que Tisyphone dans les

*

enfers montrant à Vénus les tourmens qu'a éprouvés Psyché *. L'avenir ne peut s'indiquer que par des gestes de *convention*.

L'ingénieux et célèbre abbé Sicard, instituteur des sourds-muets, nous prouve tous les jours, que, par des gestes de convention, on peut tout dire sans parler; témoin son fameux élève, M. Massieu, sourd-muet. Son explication du pain, depuis la saison où l'on sème le blé jusqu'au moment qu'il est devenu pain, est la pantomime la plus claire et la plus étonnante que j'aie vue. Mais au théâtre, beaucoup de ces gestes seraient nuls, les spectateurs ne sachant pas ce langage.

Chez les Romains, où l'art de la pantomime s'est soutenu avec succès pendant plusieurs siècles, les spectateurs connaissaient le langage des mains des pantomimes. Il y avait à Rome des écoles publiques, pour apprendre cet art. Ce langage s'imprime aisément dans la mémoire, parce qu'on oublie rarement ce qu'on a vu.

Hérodote dit que *les yeux sont plus fidèles que les oreilles, parce qu'on croit plus aisément ce qu'on voit, que ce qu'on entend.*

Nos ancêtres, dit Cassiodore, ont appelé musique

* Ce rôle fut toujours parfaitement rendu par M. Goyon, fort bon danseur et excellent acteur pantomime.

muette celui des arts musicaux qui montre à parler sans ouvrir la bouche, à dire tout avec des gestes, et qui enseigne même à faire entendre par certains mouvemens des mains, comme par différentes parties du corps, ce qu'on aurait bien de la peine à faire comprendre par un discours suivi, ou par une page d'écriture.

Le geste est nécessaire à l'acteur, à l'orateur, au prédicateur :

« C'est en vain qu'un docteur qui prêche l'Évangile,
» Mêle chrétiennement l'agréable à l'utile,
» S'il ne joint un *beau geste* à l'art de bien parler ».

SANLÈQUE, chanoine regulier, Traité des Gestes.

La joûte de Cicéron et de Roscius à qui rendrait mieux la pensée; Cicéron, par le tour et l'arrangement des mots, et Roscius par les gestes et la physionomie, prouve que nous sommes bien novices dans cet art.

Roscius à Rome, Garrick à Londres, Préville à Paris, sont les trois plus célèbres comédiens cités pour l'art des gestes. Plus de la moitié des scènes de comédie s'exprime en pantomime.

Page 235, vers 2.

[3] De l'atroce Médée exprima les fureurs.

MÉDÉE, ballet pantomime de la composition de

M. Noverre, donné pour la première fois en 1762 à la Cour de Wirtemberg, et à Paris en 1780, fut un des premiers grands ballets d'action représentés à l'Opéra.

Page 235, vers 3.

4 Nous montra de Psyché l'amour et les alarmes.

PSYCHÉ, ballet pantomime de la composition de Pierre Gardel (Paris, décembre 1790). Ce ballet, du plus grand effet, se donne depuis quinze ans, avec les mêmes applaudissemens du public.

Ibid. vers 5.

5 GARDEL après NOVERRE à nos yeux rappela

PIERRE GARDEL. *Voyez* la note 6 du premier chant.

NOVERRE, célèbre maître de ballets; ses *Lettres sur la Danse* ont eu la réputation la plus grande et la plus méritée.

Ibid. vers 6.

6 Cette Danse expressive où Pylade excella.

PYLADE, célèbre pantomime romain sous le règne d'Auguste. Esope et Roscius avaient fait, par leur déclamation, les délices des Romains; la poésie dramatique était de leur temps en possession des grands spectacles. La Danse théatrale s'en empara à son tour. Pylade et Bathyle firent oublier Esope et Roscius. Leurs compositions *, formées de trois caractères en usage, ne laissèrent rien à desirer aux spectateurs. Il ne fut plus question que de pas de mouvemens, d'attitudes, de figures, de positions. Il en résultait une expression si naturelle d'images si ressemblantes, un pathétique si touchant, ou une plaisanterie si agréable, que l'on croyait entendre les actions qu'on voyait; le geste seul suppléait à la douceur de la voix, à l'énergie des discours, au charme de la poésie.

CAHUSAC, chap. v, liv. 3, tome I.

Page 237, vers I.

7 Par d'inutiles pas n'allez point attiédir.

J'ai vu plus d'un grand maître placer au milieu d'une action intéressante un *pas seul* ou *pas de deux* inutiles. J'ai vu quelquefois le pantomime faire un entrechat ou autre pas battu, au milieu d'un combat.

* Elles étaient tragiques, comiques ou satyriques comme toutes les pièces de théâtre qui avaient été représentées jusqu'alors.

Traité de la Danse par CAHUSAC liv. I, chap. 5.

Page 239, vers 2.

[3] De son talent en nous laisse un long souvenir.

Il y a 1700 ans que Lucien s'exprimait ainsi :

« Qualités que doit avoir un danseur pantomime » pour faire voir que cet art n'est pas des plus faciles.

» Il faut que le pantomime ou danseur de ballets, qui » est celui dont j'entends parler, sache plusieurs choses, » comme la poésie, la géométrie, la musique, la philo- » sophie, quoiqu'il n'ait pas besoin des *ergo* de la dia- » lectique.

» Il faut qu'il ait le secret d'exprimer les passions et » les mouvemens de l'ame que la rhétorique enseigne, et » qu'il emprunte de la peinture et de la sculpture les » diverses postures et contenances ; en sorte qu'il ne le » cède pas à Phidias ni à Apelles pour le regard. Mais » sur-tout il a besoin de mémoire, &c. ». Ici Lucien entre dans un détail immense de tous les sujets de l'histoire et de la fable qu'on peut représenter ; ce qui contient huit grandes pages. Ensuite, parlant des perfections du corps, il dit : « Je desire que, selon la manière de Poli- » clète, le pantomime ne soit ni trop grand, ni trop » petit, ni trop gras, ni trop maigre... Il faut encore » que le pantomime ait le corps ferme et souple.

» Le pantomime doit avoir toutes les parties que j'ai » dites ; mais il faut, pour bien faire, que chacun se » reconnaisse dans la diversité des personnages qu'il re- » présente et qu'il pense se voir en lui comme en un » miroir ».

LUCIEN, liv. 2, Dialogue de la Danse.

Page 241, vers 4.

Télémaque, Bacchus, Pâris, Hercule, Achille.

TÉLÉMAQUE, ballet pantomime de Pierre Gardel. C'est son premier ouvrage donné à l'Opéra le 23 février 1790. Ce ballet est un des plus agréables qu'on ait vus au théâtre.

BACCHUS, ballet pantomime de Gallet : il fut exécuté à l'Opéra, en 1791. Il fit très-grand plaisir.

PARIS, troisième ballet de la composition de Pierre Gardel, donné en mars 1793. Le sujet de ce ballet est le plus ancien que l'on connaisse. Apulée, dans l'*Ane d'or*, en fait une description brillante. On voit que les anciens aimaient comme nous les grands spectacles à machines.

HERCULE. M. Noverre donna ce ballet en pays étranger.

ACHILLE, ballet de Pierre Gardel.

Page 241, vers 6.

10 Parmi tant de héros choisir Gargantua.

GARGANTUA, farce donnée, il y a sept ou huit ans, à Paris.

Ibid. vers 13.

11 Soyez vif et fertile en imitations.

Resserrez l'action, retranchez tout dialogue tranquille, rapprochez les incidens, réunissez tous les tableaux épars, et vous réussirez.

Lettres sur la Danse, par NOVERRE, page 63, seconde édition.

Ibid. vers 19.

12 J'aime mieux don Quichotte et son valet comique.

DOM QUICHOTTE, ballet de la composition de Millon, second maître des ballets de l'Opéra; aimable folie de carnaval. Millon est auteur des ballets de *Pygmalion* et d'*Héro et Léandre,* &c. Ce dernier ballet offre un pas remarquable; c'est la Pyrrhique, Danse militaire inventée, dit-on, par Pyrrhus, fils d'Achille. Cette entrée seule est aussi bien composée par Millon, que bien exécutée par Mademoiselle Clotilde, dont la taille convient si bien aux nobles attitudes de Pallas.

Page 241, vers 20.

[13] Qu'un sombre et froid ballet, soi-disant héroïque.

Ballet de la *Jérusalem délivrée*, donné il y a plusieurs années au théâtre des Élèves de l'Opéra.

Page 243, vers 19.

[14] Dans ce ballet chinois, à burlesques grimaces,
Je ne reconnais plus l'auteur des trois Horaces.

Ce ballet chinois, fait par M. Noverre, était original, et son ballet des Horaces, un fort beau ballet. Il n'a pas plus de tort d'avoir fait le premier, que Molière d'avoir fait les Fourberies de Scapin. Ce ballet n'eut aucun succès à Lyon, à ce que dit M. Noverre dans ses *Lettres sur la Danse*, lettre 6, page 93.

Page 245, vers 17 et 18.

[15] Les GARDEL, les VESTRIS se doivent leurs élans :
Et l'émulation est l'ame des talens.

PIERRE GARDEL et AUGUSTE VESTRIS sont à-peu-près du même âge ; ils ont étudié ensemble au théâtre, et débuté dans la même année. Le Pas de deux du troisième acte de l'opéra de *Panurge*, dans lequel ils joutèrent long-temps ensemble, les a singulièrement fortifiés.

Page 247, vers 2.

16 De l'éducation la Danse est le vernis ;
C'est au maintien décent qu'on attache du prix.

Il y a quarante ans, que Dorat écrivit les vers suivans :

« Des élémens de l'art connaissez l'importance :
» Formez vos premiers pas sous un maître qui pense ;
» Vous avancerez plus avec moins de travaux :
» Il saura profiter même de vos défauts.
» C'est ainsi que Marcel, l'Albane de la Danse,
» Communiquait à tous la noblesse et l'aisance.
» Des mouvemens du corps il fixa l'unisson,
» Et dans un art frivole il admit la raison.
» La beauté qu'il formait venait-elle à paraître,
» Elle emportait le prix et décelait son maître.
» Telle brille une rose entre les autres fleurs :
» Il dotait la jeunesse en lui gagnant les cœurs ».

La Danse, Chant 4 du poème de la Déclamation de DORAT.

Ibid. vers 4.

17 N'allez pas de MARCEL, outrant le caractère,
D'un ton brusque et grossier enseigner l'art de plaire.

MARCEL était fort dur, même malhonnête pour ses écoliers : cette singularité augmenta sa réputation. Il ne fit jamais d'écolier pour le théâtre. *Voyez* la note 16 du second Chant.

Page 247, vers 7.

[18] Des graces et du *goût* une heureuse alliance
Dans le rang des beaux arts peut maintenir la Danse.

« Sans le *goût*, même avec du talent, il ne faut rien » entreprendre dans les arts. On fait presque tout avec » cette partie délicate de l'esprit, et on ne fait rien sans » elle. C'est un sentiment vif, prompt et sûr, qui met » tout à sa place, et qui ne peut rien supporter dans le » lieu où il ne doit pas être. Il ménage les contrastes, » évite les contradictions, écarte les idées basses, dé- » daigne les petits détails, rejette les moyens frivoles ou » gigantesques, n'adopte que les vues fines, les plans » nobles, les idées justes.

» Le souverain qui sait bien choisir, pour imaginer, » arranger et conduire une fête d'éclat, diminue quel- » quefois de moitié sa dépense, et double sa gloire ».

CAHUSAC, Traité historique de la Danse, ancienne et moderne, tome 2, p. 114.

Page 247, vers 12.

[19] Agréez ces leçons que ma Muse au théâtre
Me dicta, jeune encor, sur l'art que j'idolâtre.

Les premiers vers que j'ai faits, étant fort jeune, étaient le commencement de cet ouvrage; je l'abandonnai. Après plus de vingt-cinq ans, je le retrouvai par hasard; il me prit envie de le finir, et le voilà.

FIN DES NOTES.

Fautes à corriger dans le Tome II.

Page 263, ligne 5. A la suite de 1787, *lisez*: Alors M. DE LA FERTÉ, *Intendant des Menus-Plaisirs*, m'offrit, au nom du Gouvernement, la place de Maître des Ballets de l'Opéra et de la Cour, conjointement avec P. Gardel : ma mauvaise santé ne me permit pas de l'accepter.

Page 292, ligne 5, Ferville, *lisez* Fierville.

www.ingramcontent.com/pod-product-compliance
Ingram Content Group UK Ltd.
Pitfield, Milton Keynes, MK11 3LW, UK
UKHW021833190726
13853UKWH00003B/1295